日本の社会科学と言葉

石田雄にきく

竹内真澄

本の泉社

はじめに

本書は、政治思想史家であり政治学者でもある石田雄氏（以下敬称略）へのインタビューをつうじて、一人の社会科学者がその時代をどう生き、つかみ、作品化したのかを考えようとするものである。

なぜ石田雄なのか、その理由は次のとおりである。

石田雄の専門は政治思想史、政治学にまたがり、非常に包括的な視座の持ち主である。敗戦後、石田は政治思想史を志し、戦後民主主義の旗手と言われた丸山眞男に師事した。そして丸山の間近にあって、学問の上でも、実践の上でも苦楽をともにした。丸山の思想が「民主主義の永久革命」という理念に要約できるとすれば、まさしく石田はこの理念をもっともよく継承している研究者と言ってよい。東京大学社会科学研究所で研究を重ね、所長を勤め、戦後社会科学を牽引してきた研究者の一人でもある。この意味で、戦後七〇年の日本社会の曲がり角に立ったとき、戦後民主主義の理念を内包した社会科学的視座からいったい何が見えてくるのか、余人を持って代えられない証言を得られると期待できる。

さらに石田は、既に述べたこととは逆に、従来、丸山の一番弟子として解釈されすぎてきたきらいがある。確かに石田は丸山の間近を伴走し、師の学風を受け継いだが、丸山が十分に論及しえなかった現代政治の重大問題に踏み込み、問題提起を続けてきた研究者である。とりわけ二〇〇〇年以降の研究は際立っている。一つは、東アジアに対する日本の戦争責任や戦後責任という課題の解明である。もう一つは、二〇一一年の福島原発事故の根源にある二つの聖域、安保と原発の解明である。これら戦中・戦後責任と安保・原発問題は、現代日本が抱えている未解決の重大問題であって、我々の未来はこれらの解決にかかっている。石田は、原子力研究者の高木仁三郎が使った「市民科学者」になぞらえて、自身を「市民社会科学者」と呼ぶ。「市民社会科学者」石田雄氏がきわめてアクチュアルな視座から日本の未来の課題をいかに語るかに注目できる。

戦後七〇年を迎えて、人々の経験は大きく変貌しつつある。そこに多様性が生まれているが、これらの多様性をどういう基軸で統合できるかは見通し難い。多様性が断絶に終わる恐れもある。だから、歴史の転換が激しければ激しいほど、それだけ一層、一本筋の通った知恵が欲しいと思う。石田は一九三三年生まれで、現在九一歳である。彼の個人史を基調に、政治史の歩みに沿って社会科学がどのように対峙してきたかを尋ねるならば、その筋道が見えてくるのではなかろうか。政治史と社会科学史の絡み合いを主体的に生きるということは一体どういうことなのか、専門家ばかりでなく、市民もそこから多くのヒントをえられるだろう。

なお、本文中に登場する人物は、故人を含めて自然な敬愛なしには語り難い人々であるが、文章上煩瑣になるので、不自然になる場合を除き、人物の敬称を省略させていただいた。御容赦をお願いする次第である。

また、＊印をつけた人物および用語については、脚注で簡単な説明を加えた。参考にしていただきたい。

竹内真澄

石田雄にきく

日本の社会科学と言葉❖目次

第四章　社会科学と言葉 96

第一章　大日本帝国下の一青年

——学問というのは元来、時代や場所を超えた普遍的なものですが、そういう普遍性は個性的な状況に宿るものです。戦後社会科学というものも、やはり同じような普遍性と個性の両極の絡み合いから生まれる。そこのところを石田雄さんにうかがってみたいのです。大日本帝国下の、いわば学者以前的な個人史を回顧するところから始めます。どういう少年時代をお過ごしでしたか。

二・二六事件前後

石田　物心着いたのが小学校卒業の年です。一九三六年二・二六事件[*1]は印象が強い。朝、雪が降りました。当時神奈川県知事だった父親[*2]が、湯浅倉平（当時宮内大臣）に呼ばれて、東京へ出かけた。湯浅は、父の内務省の先輩でした。

「大変だけども警視総監やってくれないか」と父はいきなり頼まれたそうです。とにかく隣が悪いんでねと。「隣」というのは本庄侍従武官長のことです。「仕事を助けてくれないか」というわけで、取るものもとりあえず父は警視総監の官舎に入った。その官舎は、いまの国立劇場の角の半蔵門の前にありました。父は初めは「危ないから官舎に来るな」と言ったのです。だが、いつまでも小学生を私宅に手放しておくのもどんなものかということになり、二ヶ月ぐらいたって一緒に暮らすようになった。当時私は、小学校を卒業するところでした。

――二・二六事件というのは、陸軍の皇道派と呼ばれる青年将校が国家改造を目論んで起こした、軍隊の政治への介入事件でした。首相官邸など要所を襲った。国民の手の届かないところで、軍部が政治家を牛耳ろうとした、きわめて危険な方向であったわけです。事件後、日本の政治は一方では軍部に押され、他方で天皇を神輿に担いで、帝国主義と超国家主義の泥沼へ入っていったのですね。石田さんの物心ついた時期が、まさに日本のファシズム[*3]に直結している。これは、国家の中枢に位置する高級官僚の息子に生まれた結果ですけれども、実に衝撃的な時代との出会いと言わねばなりませんね。

警視総監の父と暮らして不眠症に

石田　父親はいつも枕元に拳銃を置いて寝ました。拳銃をもっていても、相手は機関銃をもっているのだからどうにもならない。おそらく自決用だったのでしょう。当時はたとえ夜中でも殺人以上の犯罪があると、警官が寝室の前に上がってきて、「失礼します」と言って報告をするんです。それで私は夜寝られなくなった。怖くて便所にもいけない。便所の明かりをつけると、向こうから機関銃で撃ってくるという恐怖観念に襲われた。トイレに行っても灯りをつけない。そういう生活をしていました。父親はもっと大変でした。精神的な重圧で、警視総監の職を八ヶ月で辞めたのです。いろいろな理由があったが、一番の問題は軍をどう押さえるかということでしょう。しかしどうすることもできない。警察力では、どうにもならない。二・二六事件では警視庁は占拠されたし、総監官舎も占拠されたのです。

＊1　二・二六事件　一九三六年二月二六日、陸軍の皇道派将校らが国家改造をめざし、約一五〇〇名の部隊を率いて首相官邸を襲撃したクーデター事件。軍部の独裁への道を開いた。

＊2　父親　石田雄の父親・石田馨（一八八五〜一九五九）。山口県出身。東京帝大卒後内務省に入り、宮崎県知事、千葉県知事をへて内務省神社局長、神奈川県知事、警視総監を務めた。一九四五年四月に高松宮別当、一九四六年四月、宮内省御用掛に就任。同年一二月に退官した。一九四七年一一月に公職追放となり、一九五〇年一〇月に解除された。

＊3　ファシズム　一九三〇年代にイタリア、ドイツ、日本など後発資本主義国に共通して現れた独裁政治体制。

もうひとつ頭が痛かったのは、父の熊本五高時代の親友に、大川周明[*4]と大内兵衛[*5]という右翼・左翼の人物がいたことです。大川は、当時獄中にいました。五・一五事件の関係です。だから大川を捕まえる必要はない。だが大内兵衛は危なくなってきた。それが特高警察の資料でわかる。父親は、自分の在任中に大内くんを捕まえるようなことになったら困るというようなことをしきり言っていました。けっきょく八ヶ月で辞めたので捕まえずに済んだ。辞めて一年たったら大内兵衛は捕まった。辞めていなければ自分で捕まえなきゃならないところでした。

そういう状態で、父親が精神的重圧で辞めて、官舎を引っ越しました。その後も私は不眠になって夜寝られないという状態だった。そのうちに風邪をひいて、ちょっとしたことから腎臓から出血し絶対安静になり、一年留年した。二年目も体操と軍事教練に出席できなかった。二科目落第だともう一年留年しないといけない。だけど、「この人はこれ以上留年させても意味ないんじゃないか」と考えた担任の特別な計らいで二年目の留年は免れました。

――庶民の生活とはまったく違いますね。軍部、警察など国家権力の中枢に父親がいる。交友関係をみると、右翼の傑物大川周明や左翼の学者大内兵衛がいる。そういう大人の世界のことが、子どもである石田さんの耳にいろいろなかたちで入ってくる。ともかく異様で、すさまじい環境ですね。

左翼少年から軍国青年へ

石田　まあ、あれやこれやで哲学少年か文学少年か知らないが、なんか鬱々としてものを読むという少年になりました。私は、安倍晋三が出た成蹊に小学校三年から転入した。中学、高校と全部つながっている。子どもの時から、仲間は財閥の子どもが大部分でした。「おれは社長だ」とか「会長だ」とか言って遊んでいるという環境だった。それへの反動もあったのでしょうが、ウチの書棚にあった河上肇[*6]の『貧乏物語』を読みました。ただ『第二貧乏物語』のほうは、私にはよくわからなかった。第一のほうはよくわかった。それから賀川豊彦[*7]の『死線を越えて』、これは、布製の表紙で大著だったが、神戸のスラムのことを書いてある。それにショックを受けて、創作を書いたり、シェストフやウナムノの懐疑主義的な哲学を読んだ

＊4　大川周明　一八八六〜一九五七、山形県生まれ。満鉄入社後、五・一五事件に関与。A級戦犯だったが、極東裁判における精神障害の疑いにより、極東裁判から除かれた。巻末の補論を参照
＊5　大内兵衛　一八八八〜一九八〇、兵庫県生まれ。財政学者、東大教授。一九三八年第二次人民戦線事件で検挙されるが、無罪確定。戦後、社会保障制度審議会初代会長となり、国民皆保険制度などの創設に尽力した。『大内兵衛著作集』（岩波書店、一九七四〜一九七五年）
＊6　河上肇　一八七九〜一九四六、山口県生まれ。京大教授。『河上肇全集』（岩波書店、一九八二〜一九八六年）
＊7　賀川豊彦　一八八八〜一九六〇、兵庫県生まれ。キリスト教社会運動家。『死線を越えて』（改造社、一九二〇年）

りしました。

中学の文芸部は私が委員で、高校の文芸部に山本有一といって山本有三の長男がいました。彼の家が井の頭公園の近くにあって、よく遊びに行った。そこに行くと書棚にハシゴをかけないといけないような立派な書庫があった。一番上に岩波文庫や改造文庫の、当時の発禁本が入っている。そこから『マルクス・エンゲルス伝』などを借りてきては見て、そういう意味では、担任の教師が「お前、大丈夫か」と言うくらい、左翼がかっていたのです。

後の話とも関係しますが、昭和研究会の名義で三木清[*8]が「新日本の思想原理」を発表しました。そのなかで、現在の戦争というのは「時間的には資本主義問題の解決、空間的には東亜の統一の実現、それが今次事変（支那事変、一九三九年）の有すべき世界史的意義である」と書いていました。この一節に非常に感動した。それまで三木のものをよく読んでいたから、ファンとしては彼がこういうかたちで事変を意味づけるのに影響された。東亜の統一というのは、欧米帝国主義からの解放という意味です。それで戦争の賛美者とまではいかないが、すっかり肯定するようになったのです。

校長は神宮皇学館から来て、学校に神社を建てるというような人でした。そういう影響もあって、和辻哲郎[*9]の「尊皇思想とその伝統」などを愛読して、いつのまにか「近世における尊皇思想」とかいう論文を書いて学校の雑誌に載せたりするまでになっていました。

——実に早熟というのか、構えが思想的ですね。左翼がかった読書傾向をもっていたが、三木清を媒介項にして、徐々に右翼的といいますか、和辻哲郎のような国家主義の思想の方へシフトしていった。そればかりか、尊皇思想に関する論文を自ら書いたというのも驚きです。石田さんの戦後のお仕事と対照してみたとき、きびしく否定していった思想契機が青年期の自分の内部にあったというのは興味深い点ですね。

海軍を志願する

石田　私は元来ものすごい意気地なしで、拳銃が怖くて仕方がありません。その拳銃はずっと家にありました。天皇が原宿の駅を使うとき、何キロ以内の家は、警官が必ずチェックに来る。「お宅は問題ないと思うけれども、任務ですから拳銃と弾丸の数を確認させてください」と言って来る。それがうるさいから、けっきょく拳銃は軍に提供した。だけど軍人は、とくに陸軍は軍刀をもっている。これもちょっと怖い。私は陸軍が嫌いでした。知事と

＊8　三木清　一八九七～一九四五、兵庫県生まれ。マルクス主義哲学を研究後西田哲学に接近、反戦容疑で逮捕され、獄死。『三木清全集』（岩波書店、一九六六～一九八六年）
＊9和辻哲郎　一八八九～一九六〇、兵庫県生まれ。倫理学者。東京大学教授。『和辻哲郎全集』（岩波書店、一九六一～一九九二年）

師団長はだいたい同じ位です。だから正月なんか呼ぶわけです。たとえば千葉県知事をやっていたとき、正月に師団長を招く。すると、師団長は酔っぱらって、当時女学生だった私の姉にセクハラみたいな行為をした。それで陸軍が大嫌いになってしまいました。

次に父が神奈川県知事になったら、横須賀の鎮守府司令長官が来るようになりました。彼は酒が無類に強いんだが、絶対に乱れない。ぼくは海軍は立派だと思った。それでさっきの武器ぎらいの話もあって、学徒出陣のとき海軍を志願したのです。いよいよ学徒出陣になって、どうも自分は軍刀で人を殺すことはできないし、銃剣で突くってこともできない。海軍なら敵は遠くで死んでくれるから、そのほうがいいだろうと思ったわけです。

大川周明、大内兵衛との出会い

――ひきつづき国家権力の中枢にいる軍人との交流があり、そこで石田青年は一種の合理主義でもって、陸軍ではなく海軍を志願したわけですね。

石田　ところが体重が四九キロしかなくて、海軍はだめになったのです。けっきょく陸軍のなかでも一番歩かないでもすむ、東京湾要塞重砲兵連隊というところへ配属になりました。学徒出陣で一九四三年一二月一日が入隊でした。一一月に、父親に大川周明と大内兵衛のところへ連れて行ってもらいました。当時大川は、俗に言う大川塾、当時はスパイ養成機関と言われていたが、それを大崎にもっていました。これは東亜研究所[*10]の付属機関だったと思いますが、そこで会いました。
　大川は「東條[*11]というのは大馬鹿もんだ、朝から来た奴のメモを取っている。そんなことは秘書官のやることで、なんにも大局がわからん」とこう言う。「南京で汪兆銘をひっぱりだしたが、それを何処に置くかで、避《ひ》病院をあてがってやってる。よい建物はすべて軍が使っている。そんなことで民心を把握しようなんてとんでもない」とこう言った。ところが、私の後ろには次の面会にきている、参謀肩章をつけた陸軍の将校が二人待っています。軍刀で斬りつけられはしないかと、背中が怖くなりました。

――大川周明は広辞苑にも載っていますが、一九三二年の五・一五事件に関与して以降、ずっと日本のファシズムを理論的にひっぱった国家主義者です。『近世欧羅巴植民史』が主著で、東京裁判ではA級戦犯とされましたが、法廷で精神異常のような行動をとったために訴追から外されて、一九五七年まで生きた怪人ですね。そういう人物とお父さん

＊10　東亜研究所　一九三八年に設立された企画院の外郭団体。国策のための調査をした。総裁は近衛文麿。
＊11　東條英機　一八八四〜一九四八、東京生まれ。陸軍大将をへて一九四一年に総理大臣。A級戦犯。

の交友関係のために、石田さんが顔見知りでおられたというのは驚きです（巻末の大川周明補論を参照）。

石田　次に大内兵衛ところへ行きました。当時、大内は東大をやめて大原社会問題研究所に勤めていた。大原社研では、関西でストライキのとき使われたビラなどを見せてもらいました。「いまどき、こういうことをやっている人もいるんだ」と、びっくりしました。

——大内兵衛は、戦前は東京帝大経済学部の教授でしたが、一九三八年に治安維持法違反容疑で検挙され、後に辞職に追い込まれました。戦後復帰してからは、財政学の専門家として日本の社会保障体系をつくった人物です。片や大川、片や大内、その両方の大人に会いにいく、この振幅の大きさ。到底相いれない二人ですけれども、等距離で見ていたのですね。

軍隊で世のなかを知る

石田　とにかくそういうことで、軍隊に入りました。入ってみたらいかに自分が世間知らずかということがよくわかった。いままでは将校しか会ってないんです。しかし兵隊にはいろいろな人がいる。私たち初年兵が世話をしなければならない人のなかに一人、ニコニコしてるんだが皆が怖がってるというか、一目おかれた人がいたのです。どうしてだろうと思ったら、その人には小指がなかった。つまり、小指を落とした人だった。それがどういう意味なのか、私は丸山眞男と違って映画も見てないし、わからなかった。戦後になって、映画を見て初めてわかった。そのくらい世間知らずだったわけです。

軍隊では毎日ぶん殴られます。大西巨人[*12]を読むとおわかりになるが、「知りません」というのは軍隊で言ってはいけない。軍隊というのは、みんな必要なことは教科書に書いてある。みんな覚えているはずだ。必要なことは命令で言ってある。だから「知りません」とは言わせない。「忘れました」と言わなきゃいけないのです。

また、「なぜでありますか」と問うてもいけない。これは軍隊内務令に書いてある。命令の是非を論じたり、理由を質してはならない。だから初年兵の教育というのは、丸山も随分殴られたらしいけれども、いつでも人殺しの命令を受け入れるように訓練することです。どういう不当な命令であっても、反抗してはいけない。

そこのところは当時はわかりませんでした。ただ毎日殴られるので、ひどいもんだと思っ

＊12　大西巨人　一九一六〜二〇一四、福岡県生まれ。作家。『神聖喜劇』（光文社、一九七八〜一九八〇年）、『大西巨人文選』（みすず書房、一九七八〜一九九六年）

た。あるとき要塞司令官が来て、初年兵だけ残れと言う。そして「殴られた者はいるか」と聞いたから、手を挙げた人がいた。司令官が帰ったあとその班の兵隊たちはその夜ひどく殴られた。われわれの班の班長の話では、要塞司令官の息子は学徒出陣で出ており、殴られちゃいかんと心配してああいう質問をしたんだろうということだった。ともかく理由なく殴られる。それは理由なくても言うことを聞けという訓練なんだ。それがわかったのは将校になってからです。

——石田さんは、高級エリートの息子です。ところが、ひとたび初年兵となれば容赦なく毎日殴られる。権力とは、相手の抵抗を押さえつけて自己の意思を貫く力だという定義がありますが、軍隊は人間を人殺しの道具にするための機関ですね。どんな人間でも「どうしてこんなことをするのか」「人殺しはいやだ」という、そういう内言が出てくる。どうして殴るかというと、その内なるつぶやきを根っこから殲滅するために殴るんですね。将校になってからはいかがでしたか。

将校の時の出来事

石田　たぶん一九四五年の春だったと思いますが、アメリカのパイロットがパラシュートで東京湾に落ちたことがありました。彼が海岸をめがけて泳いでくるという。その時、房総半島の砲台にいたので、海岸へ行ってみると皆、竹槍で待ち構えている。でも皆、老人と女性だった。彼らは「待ってくれ」といえば待ってくれる。困るのは、捕まえた時に、司令部から「お前のところで殺せ」と言われたらどうしようかということです。殺さないと陸軍の軍法会議にかかる。敵前で命令に反した者は、陸軍刑法により最高は死刑です。これは困った。陸に上がってきたらどうしようというんで、最終的には部下にどこか見えないところへ行って殺してこいと言うしかないと思っていました。けっきょく、海軍がボートを出して彼を連れて行ってくれました。

そのとき初めて、命令は理由を問うてはいけないのだとわかりました。なまじ法学部の学生だったから、捕虜は国際法上保護されるということを知っている。だから殺せと言われた時に「捕虜は……」と言いたいわけです。だけど、それは言えない。それは一番深刻に感じた。

ともかく軍というのは最も腐敗したものです。その例はいちいち申し上げないが、しょっちゅう裏金を作っては連隊長を料亭に連れて行って飲ませる。そういうことをやっていました。だから、軍隊という絶対的な権力がいかに腐敗するかということは、まあ一年八ヶ月、二等兵から将校までいたから、嫌というほどわかるのです。

――法学部学生が身につける法学的合理性というものが、日本の超国家主義のなかではまったく通用しない。自分の知識の無力と対照的に、無法な国家の力あるいはその腐敗を見ておられたわけですね。

第二章　戦後日本と政治学への歩み

敗戦とアイデンティティの危機

石田　いよいよ八月一五日になった。恥を言えば、ポツダム宣言を受諾したが、私はそのポツダム宣言がよくわからない。兵隊にもよく説明できない。とにかく、軍隊教育で理由を問うことを禁じられていたから、思考能力を奪われていたのです。軍隊はもう要らなくなるんだということだけはわかりました。

細かい話は省略しますが、復員しました。でも、どうしてあんなにまでひどい仕打ちをされるような世のなかになるまで放っておいたんだろう。もちろん選挙権も使えないうちに召集された。それにしても、自分で考えて戦争を支持した。どうしてあんな馬鹿な戦争を支持するようになったのか、これが私の最大の悩みになりました。一九四五年の暮れごろまで、ずうっとアイデンティティの危機に悩みました。ようやく四六年になって、非軍事化と民主化というのが日本の新しい方向ではないかと思うようになりました。その時に丸山眞男の「超国家主義の論理と心理」を読んだのです。

――左翼的でさえあった青年を軍国青年に仕上げるだけの魔力が、日本のファシズムにあった。その魔術の園から青年を救い出す力を誰かが与えねばならない。それが丸山論文だったわけですね。

丸山論文の衝撃

石田 先ほどの話と関係しますが、大内が一九三八年に捕まった時、朝、大内夫人から電話があり、「今朝、大内が淀橋署に連れて行かれました」と言う。すぐに父は淀橋署に行きました。私は絶対安静で寝ていたから、逐一覚えている。父が帰ってきて「とんでもない話だ」、「大内くんは、スリや強盗のいるところに一緒に詰め込まれているんだ」と。「とんでもない話だから総監のところへ行って注意してくる」と。

これは父自身にとってもショックだった出来事です。父は忠実な官吏として、全部の署を巡回して一切をよく知っていると思っていた。ところが留置場までは知らなかった。そこでの処遇も知らなかった。自分の親友が捕まって留置場がどういうところか初めてわかったわけです。すぐ安倍源基という総監のところへ行ってかけあったが、彼は右翼で、思想犯などは強盗と同じだと思っている。でも先輩に言われることだから、「淀橋署は込み合っているから早稲田署に移しましょう」となったようです。

その後、署長が代わって大内の待遇がよくなりました。署長応接室で新聞を読んだり、最近だが、「早稲田署において」という揮毫《きごう》が出てきた。だから、署長室で揮毫がかけたわけです。左翼の活動家に与えた書が出てきた。大内は父親に感謝していました。感謝のしるしとしてでしょう。『世界』が一九四六年一月号から出始めると、あの当時は薄いからくるくるっと巻いて、帯封をつけて、自分で「石田馨様」と書いて送ってくれていました。当時『世界』は非常に売れていて、なかなか手に入らないような状態だったのに、私は父親のおかげで、出たらすぐに見ることができたのです。それで大内から送られてきた『世界』で丸山論文を読んで、ようやく納得した。あれを読むと、軍隊の非条理というのがどういうふうにしてできたのか、「抑圧移譲」による心理的な均衡の維持、つまり抑圧されてる人ほど下を抑圧するという構造が非常によく出ています。丸山眞男が朝鮮出身の一等兵に殴られたというのは、まさにそういう状態です。私も非常によくわかった。私たちがどうして軍国青年になったかというとき、倫理と権力の相互移入によって権力が倫理を支配したからなのです。

和辻哲郎と戦後

石田　脱線ですが、私は戦前、和辻哲郎から非常に強く影響を受けました。彼の『日本の臣道　アメリカの国民性』というパンフレットは非常によく売れた。アメリカは、ドイツ語でクルトゥールという意味での精神文化のない国で、やがてはサイコロジカル・ブレイクダウンを起こすだろうということが書かれている。日本の臣道は立派なものだから永遠に続くというわけです。戦後、彼の講義へ行って話を聞いても、彼はぜんぜん反省の色がないのです。

私は、襟章が法学部はＪ、文学部はＬですが、それをはずして文学部の彼の講義を受けたのです。授業の終わりに「質問があります。先生の『日本の臣道　アメリカの国民性』を読んでものすごい影響を受けたんですけど、いま先生はどうお考えですか」と聞きました。すると彼は「何を言うか、失敬な」と、怒って出て行ってしまった。当時、大学に戦犯追放運動がありました。それだと思われたのでしょう。個人的に研究室に行けばよかったのですが、みんなのまえで聞いたから、本当に感情的になってしまったんです。

――戦後の新しい雰囲気のなかで、古い頭のままで教えている人もいたんですね。講義というものは、象牙の塔のなかに収まりきらないものです。象徴的な出来事ですね。

丸山眞男の研究室を訪ねる

石田　そんなことで丸山論文を読んで、「これでいけるんじゃないか」と思いました。このやり方で行くと、私自身がなぜ軍国青年になったかということが、どうも分かりそうだ。すぐに丸山眞男の研究室にとんで行きました。帰りにドアの貼り紙を見たら、面会日じゃない日だったんだけど、構わず通してくれたのです。とにかくマックス・ウェーバー[*1]とマンハイム[*2]くらいから読んだらどうだと言われました。すぐに図書館へ行ってウェーバーの宗教社会学論集を毎日読むという作業が始まりました。そのうち丸山がゼミをやるということで、一九四七年から入ることになります。それが大学の一年生の時です。どうして時期がずれているのかというと、私は戦前に東大を落ちて、東北大に行っていました。復員してからも東北大に二ヶ月くらい行った。寒くて腹が減って、どうにもしようがない。すると大内が、特別の復員軍人のための入試があるということを教えてくれたのです。すぐに私は東北大学に退

＊1　マックス・ウェーバー　一八六四〜一九二〇、ドイツの社会学者。大塚久雄訳『プロテスタンティズムの倫理と資本主義の精神』（岩波文庫、一九八九年）、大塚久雄、生松敬三訳『宗教社会学論選』（みすず書房、一九七二年）
＊2　カール・マンハイム　一八九三〜一九四七、ハンガリー生まれ。知識の存在拘束性を指摘し知識社会学を創始。鈴木二郎訳『イデオロギーとユートピア』（未来社、一九六八年）

学届を出して、東京に帰りました。その年は五月入学でしたから、丸山研究室に行ったのは五月以降だったのです。

そのまえに、父親がどうしても役人になれと言う。大内くんも南原くんも役人をやったじゃないかと、役人をやってから研究をやっても遅くないと言う。私は、初めから研究をしたいと言いました。では大内や南原の意見を聞いてくるということで、大内の意見を求めると、「私は大蔵省へ入って無駄だった」と答えたようです。南原は「内務省へ入って、郡長をやってよかったと思うけれども、本人が直接研究したいって言うのならさせたらいいだろう」と答えた。父親の期待した答えがもらえなかったわけです。帰ってきて、「お前の好きにしろ」と言われて、丸山のところへ行きました。

次の年（一九四七年）から、ゼミでヘーゲル[*3]の「世界史の哲学」を原書で読みました。四九年まで、序説とオリエント世界とゲルマン世界とを読み、翌年ルカーチの『歴史と階級意識』を読み始めた頃に、丸山が病気になってしまいました。私はそのころ助手でしたから、丸山研究室で、松下圭一[*4]など二、三人でしたけど、一緒にルカーチを読みました。

『明治政治思想史研究』をまとめる

石田　そうやって研究を始めて、何を研究しようかと思った時、自分が影響を受けたのは修身教育だと思い至りました。国定の修身教科書の中身が改定されて、家族国家観が出てくるのは明治の末です。家族国家観がどういうふうに形成されたのかを研究したいと思いました。こうして、一九五四年の『明治政治思想史研究』をまとめたのです。

それで丸山の親友の辻清明[*5]が社会科学研究所の兼任をしていたので、辻に頼んで私を社研に採ってもらったのです。社研は国別になっていたから、日本の内政の担当で、林茂[*6]が教授で、私が助教授ということになりました。

私は、だんだんに政治学と政治史に重点を移して、政治史で『近代日本政治構造の研究』（一九五六年）、それから一九六八年に太平洋戦争から講和までの政治史を扱った『破局と平和』を出しました。このように、政治思想から政治史に移ったのです。丸山が一九七四年に還暦になりました。還暦記念論文集を出すのは嫌だと丸山が言ったので、じゃあ私が個人として論文集を献呈しましょうということで、二年遅れて一九七六年に『日本近代思想史における法

＊3　G・W・F・ヘーゲル　一七七〇〜一八三一、ドイツの哲学者。真下信一他訳『ヘーゲル全集』（岩波書店、一九三二〜二〇〇一年）

＊4　松下圭一　一九二九年、福井県生まれ。政治学者。法政大学教授。『現代政治の条件』（中央公論社、一九五九年）、『シビル・ミニマムの思想』（東京大学出版会、一九七一年）

＊5　辻清明　一九一三〜一九九一、京都生まれ。行政学者。東京大学教授。『日本官僚制の研究』（弘文堂、一九五二年）

＊6　林茂　一九一二〜一九八七、和歌山県生まれ、歴史学者。東大名誉教授。『近代日本の思想家たち』（岩波新書、一九五八年）

と政治』をまとめました。これは私の政治思想史関係の論文をまとめたもので、丸山に献呈しました。

これが思想史の最後の締めくくりで、あとは政治文化の方に移行し、六九年に『政治と文化』、七〇年に『日本の政治文化：同調と競争』を出しました。この副題は、コンフォーミティとコンペティションというのですが、英語でたいへん語呂がいい。ジャパニーズ・ソサイエティという英文の本でまず使って、それを日本語版に翻訳して使いました。

組織と象徴へ移る

石田　それから象徴の方に移りました。一九八三年の『近代日本の政治文化と言語象徴』では、文字通り言葉の問題を扱いました。この系列で一九八九年に『日本の政治と言葉　上下』で「自由」「福祉」「平和」「国家」という四つの言葉を扱いました。『言語象徴』はどちらかというと積極的に言葉をつくり出していくほうです。『日本の政治と言葉』のほうは言葉の両面性に注目して、四つの言葉が日本の政治のなかでどう使われたか、その使われ方のたいへん危ない面に力点をおいて扱ったのです。

もうひとつの領域は組織の問題です。一九六一年の『現代組織論』、一九七八年の『現代政治の組織と象徴』がそれです。私の関心は「組織と象徴」にある。それは丸山の「思想と行動」をずらしてまとめたものです。この関心はずっと続いています。

さらにもうひとつの領域は平和研究です。一九六八年の『平和の政治学』、一九七三年の『平和と変革の論理』、一九八一年の『「周辺から」の思考』。最後のものは、中央からの思考に対するもので、ある意味では平和研究に属するものです。そして戦争責任の問題を論じた二〇〇〇年の『記憶と忘却の政治学』があります。二〇一〇年『誰もが人間らしく生きられる世界をめざして』の副題を「組織と言葉を人間の手にとりもどそう」とした。ここでも組織と言葉を鍵にした。これがひとつの締めくくりになっています。ちなみに小さな領域として政治学に関するものが若干あって、九〇年の『平和・人権・福祉の政治学』、九三年『市民のための政治学』がある。これは八〇年代の終わりに、土井たか子[*7]市民大学でやったものを中心にしました。それから二〇〇一年『権力状況のなかの人間』という論文集があります。

──まことに膨大な仕事をなさっていますが、思想史、政治史から徐々に「組織と言葉」という二つの軸を往復するという視点が確立された。言葉は宙に浮いているのではなく、かならず組織のなかで機能する。言葉の両面性は組織の構造と関わっていて、言葉の可能性を探求することは組織を批判的に捉えることと不可分であり、組織の人間性を回復

＊7　土井たか子　一九二八～二〇一四、兵庫県生まれ。第一〇代社会党委員長。

させる方法もつかめるということですね。社会科学史の総括というユニークな仕事もここから出てきますね。

日本社会科学史を書く

石田 そういうことをやってくるなかで、社会科学を反省しようというのが二冊あります。その一つが『日本の社会科学』（一九八四年）です。これは主として戦前を扱ったものです。序文にも書いたように、宇井純[*8]は具体的には水俣問題が直接の契機になって『公害の政治学』を書いた。なのに、政治学者は何をしているんだと思ったのです。

これは、日本の社会科学はどういう歴史をたどってきたのかという観点から、反省を込めて戦前の社会科学を中心にまとめたものです。ちょうど東大社研を定年になる最後の年のものです。大学院生を相手にして、研究者仲間としてこれからどう考えたらいいかというきっかけとして戦前をまとめ、戦後は丸山、大塚を中心として、どうしたら新しい社会科学をつくれるかという視点でまとめました。

それ以後約一一年たって『社会科学再考』を書きました。『日本の社会科学』を贈呈したとき大塚久雄[*9]から、戦後はもっとちゃんとまとめたらどうだと言われた。長いあいだ戦後をどうまとめようか考えている時に、「慰安婦」問題、や戦争責任の問題が出てきて、これはこれで戦後としてやらなきゃいけない、とそんな感じでした。

一九八〇年代に二度ドイツに行きました。一回目は八二年〜三年で、ベルリン自由大学で教えました。二回目は八五〜六年。ちょうど戦後四〇年で、ワイツゼッカー大統領[*10]が有名な議会演説をやった年であり、中曽根首相[*11]が靖国に行って問題になった年です。この年にベルリンの高等学術研究所に招かれて行きました。一九八六年、チェルノブイリ事故があって早めに帰国したが、ドイツにいて、ドイツの戦後の戦争責任論と比べて、日本ではどうしてこんなに遅れたんだろうという観点から問題を考えました。

『社会科学再考』は「発展主義[*12]」と「国民国家[*13]」の問題を中心に考えています。「発展主義」の問題は、水俣に典型的に現れた。そして「国民国家」は、「一身独立して一国独立する」の状況からだんだん、外見的立憲制をつくりながら大正デモクラシーを経た後に、国防国家と

＊8　宇井純　一九三二〜二〇〇六、東京生まれ。環境学者。東大自主講座を主催、『公害の政治学』（三省堂、一九六八年）

＊9　大塚久雄　一九〇七〜一九九六、京都生まれ。経済史家。東大名誉教授。『大塚久雄著作集』（岩波書店、一九六九〜一九八六年）

＊10　R・K・F・ワイツゼッカー　一九二〇〜二〇一五、ドイツの政治家。第六代連邦大統領。一九八五年五月八日「過去に目を閉ざすものは、未来に対してもやはり盲目となる」という演説をした。『荒れ野の40年』（岩波ブックレット、一九八六年）

＊11　中曽根康弘　一九一八年、群馬生まれ。政治家。第七一〜七三代首相。日本の原発政策を推進した。

＊12　発展主義　主権国家が相互に競争して経済力を発展させるという、近代世界システムに適合的なイデオロギー

＊13　国民国家　ウェストファリア条約（一九四八年）以降に制度化された、国民を構成員とする国家体制

いう名によって総力戦体制になっていった。その問題を戦後ちゃんと反省したはずだったのに十分でない。またしても問題が起こりそうだというところで、『再考』の最後の結論では、社会科学者の社会的責任を問いました。

――細分化が進行する社会科学の世界で、政治学の立場にたちつつ、日本近・現代史と対応させて社会科学の歩みを大きくまとめるというのは、後続世代にとって貴重な成果になっています。

九・一一と三・一一から見えること

石田　それから一七年経ち、世のなかを見ていると、またしても同じ間違いをしています。九・一一と三・一一をふりかえると、九・一一は、日本の国民国家が戦後民主国家として再生したのではなくて、安保体制のもとでパクス・アメリカーナへ従属していることを示している。それから三・一一では周辺を犠牲にした経済発展の問題を見事に示した。これを『安保と原発』（二〇一二）で提起しました。

現在、もう一度、経済発展を中心とする問題が新自由主義の台頭によってますます顕在化しています。これが、規制から自由な強者の力をあからさまに出現させ、一％対九九％という問題になった。もう一つは、国益という言葉を借りて、軍事力を基礎にしたパクス・アメリカーナへの従属が進んでいる。安倍首相の記者会見でも、抑止力を強めるとか、軍事協力をするという名目で、国民の命を大切にするんだと言っているが、危険は高まっています。ペシャワール会[*14]の車はそれまで日の丸をつけていたら安全だったが、米軍との軍事協力によって逆になり、日の丸を消すほかなくなった。日本は、イラク参戦はしなかったが支持したので、人質が殺されるとか、あやうくされるという事態に至っている。そういうことに対して、いったいどう考えるべきかというのがひとつの問題です。

言葉の二面性

その際、言葉の二面性が問題になります。人間は言葉を使う動物だと言われている。これは言葉をつくりだして思想を形成するというプラスの面と、それから言葉を使って人の心を支配する道具にするというマイナス面の両方がある。どうしたらマイナスを暴露し、言葉をプラスに転化できるか。これは、内田義彦[*15]が『作品としての社会科学』のなかで言ったこと

＊14　ペシャワール会　パキスタンで活動する医師、中村哲を支援するために一九八三年に組織された民間組織
＊15　内田義彦　一九一三～一九八九、愛知県生まれ。経済学史家。専修大学名誉教授。『内田義彦著作集全』（岩波書店、一九八八～二〇〇二年）

に通じています。「日本語が社会科学の思考をそだてあげるように機能していないようでは、言葉として当然もつべき機能をまだ欠いているということになる。社会科学が日本語を手中におさめない限り、社会科学は成立してない」と。

たとえば丸山眞男が「お神輿《みこし》」という概念を、湯浅誠[*16]が「溜め」という言葉を使って、それぞれの社会科学ができているということがわかります。文化的制約があるから、想像力を生かして、空間的、時間的に日常生活のなかから普遍的なものにそれを仕上げるのか工夫が必要です。時間的にみても子孫の世代の時代まで展望した、想像力の幅をもったものをどうやってつくるか。その前提として、視座をどこにおくか、つまり価値的な前提をどこにおくか、私の作品で言えば、「周辺からの視点」をどうするか、中央からの視点でやってきたことが水俣を生み、沖縄を生んでいるわけだ。それに対して周辺から問い直していく。そういう言葉の機能と思考の展開、それは当然、組織のあり方、人と人のつながりのあり方にも関係してきます。そういう視点から社会科学の課題を考え、社会科学者の社会的責任をも考える必要があるんじゃないか。それが現在の私の見方です。

---

*16 湯浅誠 一九六九年、東京生まれ。社会活動家。『反貧困』(岩波新書、二〇〇八年)

第三章　戦後社会科学の検討

――石田さんの膨大な著作および最近の仕事の背景にある問題関心についてのお話を興味深く聞きました。日本政治思想史から政治学と政治史へ移り、そこから、組織と言葉という方法基軸ができあがって、社会科学史、平和論、原発論、安保論などを論ずる際にもこれが適用されている。私は社会科学史に興味をもっています。戦前と戦後の社会科学の違いについて、お気づきの点が何かありますか。

理論を道具とすること

石田　戦前は、理論が道具であるという視点が抜けていました。戦後でもその傾向は消えてない。余談ですが、私が組織論を勉強し始めた頃に、組織論の研究会を『思想』の研究会でやっていました。そのころ、G・H・ミード[*1]の『精神・自我・社会』からもっと学ばなきゃいけないんじゃないかと言ったら、清水幾太郎[*2]がいて「今頃ミードなの？」と言う。つまり、一番新しい理論を紹介していくことが社会科学者として一番重要なことであって、研究会は一九五〇年代半ばで、ミードのあの本は一九三四年の公刊ですから、もう古いというわけです。

二〇年経っていても、他者との関係で、初めてIとmeが分かれて自己内対話が起こり、一般化された他者が出てくるというミードの発想は、私の言葉と組織というテーマからするときわめて重要です。何年経とうがいいんじゃないかというのが私の主張でした。

——ミードの『精神・自我・社会』は社会心理学の古典ですね。自我は主我（I）と客我（me）へ二重化する。誰でも、この二重化があるからこそ、自己内対話ができる。meは組織における役割を担う人間のあり方を指し、そのmeを対象化する力がIにあるというのです。このIの側の主体性が、組織を組み替える場合の根源になる。そのためには前もって、自己内対話をおこなうことのできる自我のもち主の間に、いわば自己間対話がなければならず、しかもmeとmeの間の、いわば表向きの対話からIとIの、いわばもっと深い対話まで降りていかねばならない。理想的な対話というのは、ミードの言うIの対話が、既存の国籍や性を超えて、本当の普遍性まで達する場合のことでしょうか。ともかく魅力的な発想です。

「超国家主義の論理と心理」と短い春

——日米関係に関わりますが、丸山の「超国家主義の論理と心理」論文で言う「超国家主義」とは「ウルトラ・ナショナリズム」です。この言葉は、もともと占領軍が日本軍国主義を批判するためにつくった言葉ですね。丸山論文は内容的にみると、ヘーゲルなり、シュミットなり、ともかくドイツを中心とするヨーロッパ社会科学の言葉で組み立てられていますが、タイトルはアメリカを中心とする占領軍の言葉が冠のように乗っかっている。そういうふうに、内容とタイトルが、ヨーロッパとアメリカの二重構造になっているわけです。このことについてどうお考えですか。

石田　私の想像ですが、それは時間的に区別しないといけません。「短い春」ということを丸山は自分で使っている。「短い春」を一九四五年九月から一九四七年の二月一日までとするか、いつまでとするかは別として、ともかく初期占領時代です。二つのD、民主化demo-

＊1　G・H・ミード　一八六三〜一九三一、アメリカの社会心理学者。稲葉三千男、滝沢正樹、中野収訳『精神・自我・社会』(青木書店、一九七三年)
＊2　清水幾太郎　一九〇七〜一九八八、東京生まれ。社会学者。『清水幾太郎著作集』(講談社、一九九一〜一九九三年)

cratization と非軍事化 demilitarization を主軸にしてニュー・ディーラー[*3]が動いていた時期に、ノーマン[*4]との接触があったし、後に考えれば、アメリカに対する従属性を十分に意識していなかったんじゃないかと、批判は出るかもしれません。しかし、当時としては、その線が日本の生きる道であって、保守的な政治家たちはそれに対抗しているんだという見方が一般的でした。

内容的には、後になって『思想の科学』がプラグマティズムを紹介するし、あるいは二〇世紀研究所で急速にアメリカの理論が紹介されてくる。その前の時期ですから、丸山としてはニュー・ディーラーは仲間だと思ったんじゃないですか。高野岩三郎[*5]の憲法草案が『新生』という雑誌で活字になった。占領軍は明らかに憲法研究会の成果を利用している。そういう意味でも、仲間という意識が強かったと思います。

――ニュー・ディラーたちは、逆コースのなかで帰国させられてしまいますので、ほんとうに敗戦からの短い春の間に、日本の知識人と占領軍内部の民主派との知的協力関係がかろうじて成り立つ時期があったということですね。

石田 占領軍ではG2[*6]のほうは保守派と結んでおり、ケーディス[*7]のいる民政局はむしろ、日本の知識人と近い考えをもっていた。それは、まず間違いない。面識があるわけではないが、お互いに書かれたものをつうじての交流はあったと思います。実際に会ったのではなくても、高野にしても別に会っているのではないだろうが、資料的に交流があったと思います。

占領期の日本社会科学

――戦後の「短い春」に関わって、さきほどの丸山論文（「超国家主義の論理と心理」）は、結果的にG2とは異なるケーディスのグループと、一種の協力関係にあったと言われたんですが、その点をもう少しお話しください。

石田　正確に言うとケーディスというよりもノーマンです。ノーマンと丸山は個人的に非常に近かった。ケーディスになると直接の関係はなく、もうひとつクッションが入るから、

*3　ニューディーラー　アメリカのルーズヴェルト政権下でニューディール政策を経験し、社会民主主義的な傾向をもつ人々。日本の民主化に大きな役割を果たした。
*4　E・H・ノーマン　一九〇九〜一九五七、カナダ生まれ。歴史家。カナダ外務省よりGHQに出向し、翻訳を担当した。マッカーシズムに攻撃され、自殺。大窪愿二編訳『ハーバート・ノーマン全集』（岩波書店、一九八九年）
*5　高野岩三郎　一八七一〜一九四九、長崎県生まれ。社会統計学者。社会政策学会、大原社会問題研究所を設立。戦後は「憲法草案要綱」の作成に参加した。
*6　G2　連合国最高司令官総司令部（GHQ）の参謀第二部のこと。諜報・保安・検閲を担当した。
*7　Ch・L・ケーディス　一九〇六〜一九九六、GHQ民政局次長。日本国憲法のGHQ草案を指揮した。

ある時期のケーディスはノーマンと非常に近かったので、正確に言うとノーマンです。

――戦後の二つのDのところで補足がありますか。

石田　時期によって二つのDの意味が変わります。私は、戦後改革の問題を共同研究した時、「戦後改革の組織と象徴」をとりあげました。改革イメージの変化を扱ったのです。新聞の「改革」のイメージでは、初めめは保守派をチェックするという意味だった。ところが占領政策が変わって反共に転換すると、「改革」の行き過ぎを是正するという意味に変わった。逆コースの方向へ展開していくということになったわけです。

それを支えた社会的条件として、食糧問題が深刻で食べるのが第一という状態があって、どうしたって占領政策に対して受身になってしまうということがあった。食糧援助がありがたいという必要は人々の頭にこびりついており、他方で被害者意識が強くて加害まで考えが及ばない。被害を受けたアジア諸国からの声が届いてこなかったということは大きい。フィリピンなんかでも反共政権があるから、日本への批判が来ない。それがドイツだと、フランスからもポーランドからも批判が来る。ユダヤ人とかイスラエルからの批判もある。それにどう対応するかということがドイツではあった。ドイツだって批判が少なかったロマ（ジプシー）の人々への反省はずっと遅れている。隣国からの批判があるかないかは大きな違いをもたらします。

日本の場合には批判が少なかった。中国からの批判は、ある意味で言えば、日本の軍国主義者と日本人民を区別するということだった。すると、自分たちは関係ないということになってしまう。悪いのは軍国主義者の東条やなんかだけだと。こういうことになってしまったというのは、ひとつの条件としてはありました。

ノーマンと丸山眞男

石田　念を押しておきたいのは、ノーマンと丸山の関係についてです。二人の関係はよかったけれども、それは研究者としての付き合いであって、占領政策について両者で話し合ったとは思えません。私も、何回もノーマンの顔を見ている。私は明治思想史の研究をしていた頃、史料編纂所の地下の明治新聞雑誌文庫へ通っていました。そこへノーマンがときどき来る。挨拶だけはした。挨拶というのは目礼です。私は占領中は一切英語を使わないということを信条にしていました。

だけどノーマンが文庫に来た時には、あくまでも研究者として丹念に資料を扱っていたので、そういう姿勢から見ても丸山・ノーマン関係というのは、そういう関係であったのだろうと思います。占領政策についてノーマンはたしかに影響力をもっていたでしょう。共産主義者の解放とか、いろいろ影響力をもったでしょうが、それと丸山の関係はないと思います。

「超国家主義の論理と心理」をめぐって

——丸山論文は、日本の社会科学のなかでももっとも優れたものの一つであると思います。つまり人間の内面の構造と国家や社会の構造とが、明確な対応関係をもつということを、あれほど見事に書いたものはないし、論文が出たタイミングも絶妙でした。日本が踏みきった戦争の論理的、心理的なメカニズムを暴くために、あの論文は、ヨーロッパの「中性国家」と日本の特質（倫理と権力の相互移入）を対比して、両者のズレを明らかにするという方法をとっています。その点で成功したのです。しかし、戦争全体といいますか、日本的特質ではなくて、ヨーロッパ帝国主義やアメリカ帝国主義による世界分割へ日本が割り込むことで起こった世界規模の戦争である以上、帝国主義的な共通性があるはずです。そこはどうなのか、あの論文には出てこないのです。

日本的特殊性の部分は、天皇主権とか寄生地主制という旧制度ですから、戦後改革のなかで解体されていきます。しかし、近代帝国主義としての共通性について、論文はノータッチのままでした。日本帝国主義の日本的特質を考える場合、丸山論文は有効ですが、他の帝国主義との共通面については考えてない。むろん、短い論文で何もかも書くことはできません。もし書いていたとしても、欧米帝国主義の暗黒面にも触れることになれば、それは検閲の対象になったかも知れない。「短い春」の時期に何が書けるか、ある制約のなかで、あの論文を位置づけないといけないように思います。

これは、丸山論文に欠如したものがあるということを言いたいのではありません。むしろ日本の社会科学者全体の研究課題なのではないかということを申し上げたいのです。日本のアジアに対する戦争責任や戦後責任を考えるとき、占領軍は東京裁判のなかでも、日本にアジア侵略の責任問題を謝罪させようという姿勢はありませんでした。日本の社会科学が戦争のことを反省するという場合、その日本的特質と帝国主義的共通性とを統一的に扱っていくという課題が、なお残っているのではないかと思いますが、いかがでしょうか。

内務班での体験を掘り下げた丸山

石田　それは非常によくわかる。わかるんだけれども、あまりに外在的です。そのときの丸山に内在すると、平壌の体験が強烈であったでしょう。たとえば南原繁ができるだけ横文字の文献を入れろと言っているように、ある枠のなかで研究をやってきたわけです。ヘーゲルを引用し、ずっとやってきた。そのギリギリのなかで「近代の超克」に対抗するために、近代国家がどうして生まれたかを追求し、「前期的国民主義」という言葉を使って論文を残し、入隊するために松本に行く。松本に行ったら、平壌に転属になった。

私の推測では、唯物論研究会講演会への参加で左翼だとにらまれて、トラブルを起こすといけないから、こいつは平壌に転属させておこうということになったんじゃないかと思います。そこで、初年兵として毎日ひっぱたかれる経験をして、しかも日本帝国の周辺の最底辺から出てきた人に殴られる。私はあの論文を読んだとき、これは内務班だと思った。内務班というのは、大日本帝国の下部構造の一番下です。抑圧移譲の体系が一番はっきり出るところ、倫理と権力の相互移入が見事に行われている、そういう体験をした。その体験が、オールドリベラルや天皇制に対してもっていた幻想を打ち砕いた。それでようやく書きえたのです。

福沢の「一身独立して一国独立す」から、いかにして帝国日本がうまれたかという問題は置いて、とにかく帝国日本が行き着いたところを対象化するということで書いた。だから、「中性国家」というシュミットを使ったところは、やや図式的なところがあるけれども、権力と倫理の相互移入という問題は、私のように教育勅語で鍛えられて軍国青年になった人間にとってみると、まことによくわかるのです。

現実から概念を組み立てる

石田　それから、軍隊で毎日ぶん殴られるという経験だって、社会のいろいろな階層の人と出会う機会でした。私の父が宮崎の知事をやっていた頃、私は知事官舎から学校へ行く。靴を履いて行くが、その前は、幼稚園は京都だったから、京都では靴を履くのが当たり前だった。ところが、学校へ行ってみると、靴を履いてきているのは官舎から来ている人たちなど何人かにすぎない。みんな草履をはいている。そういうなかで、朝礼の時、私は日差しが強いから貧血でひっくり返ってしまった。知事の子どもがぶっ倒れたということで大騒ぎだ。それで看護室に連れて行かれて、なにかドロドロした辛いものを飲まされた。そりゃあもう大変なもんなんです。次は千葉の官舎へ移った。すると、官舎仲間しか付き合いがない。軍隊に入ってみたら、なんだかわからない。私はまったく世のなかのことを知らなかったわけです。

丸山の場合、下町の近くにいたし映画もよく見た。ヤクザにも驚かなかったかもしれない。しかし、朝鮮の最下層問題はショックだったと思います。私の場合、東京湾要塞重砲兵だから、東京の近くの連中なんだけれども、それでも、いろいろな階層の人がいる。だいたい学徒出陣だから、初年兵は学生が中心です。でも、旧帝大のほかに、早稲田とか慶応とかは知っているが、世のなかにこんなにいろんな大学があるのかって思ったぐらいです。それ以上に下士官と兵隊というのは、まったく知らない世界から来ている。

姉にセクハラしたから陸軍が嫌いだなんて言ったけど、そういうレベルの話じゃない。まったくわかんなかったわけだ。そりゃあ、大変なことだったわけです。いくら丸山が映画見たっていっても、段違いです。助教とか助教授とか言っても彼らにはまったくわからない。助教というと下士官クラスのことだ。まあ、その助教だったらしいということになるわけでしょう。被害と加害の関係で、抑圧移譲が行われるというメカニズムについて、実に見事にあの論文に書かれたんです。それを読んだとき「これだー」と思った。

それまで東北大学にいて、復学して、戦前に清宮四郎が憲法の講義で根本規範（グルント・ノルム）は天壌無窮の神勅だと、それから話を始めていた。それが、帰ってみたら、こんどはポツダム宣言が根本規範だと。なるほど純粋法学というのは便利なもんだなと思いました。こんどはポツダム宣言の説明をしてくれるというので、それはそれなりに勉強になりましたけど。へえって思いましたね。

桑原武夫[*8]なんかが黒メガネ掛けて、「小説の話」なんて、復員兵のための特別講座で話をするんだけど、もうひとつピンと来ない。それで「超国家主義の論理と心理」でしょう。だから、本当に目から鱗が落ちた。だから、その段階で、欧米帝国主義との比較まで期待するのは無理です。つまり、自分の体験をどう対象化するか、そこで初めてヘーゲルの世界史の哲学から引用するのではなくて、現実から組み立てていく。後の「役人と無法者とお神輿」というのもそうだけど、とにかく現実から概念を組み立てていこうというのは画期的なんです。

――謎だったことが理解できました。戦前と戦後の社会科学の違いに関わるのですが、日本の現実を解明するというのが1930年代から日本の社会科学の目標になっていたわけです。『日本資本主義発達史講座』(1932年）に具体化されました。普遍的なマルクス主義で特殊な日本を説明することの意義を石田さんは評価しますが、同時にそこに「日本の現実から概念を抽象する面が極めて弱かった」(『日本の社会科学』一九八四年、一二一頁）と指摘しています。

丸山論文は、講座派の流れのなかから出てきたわけですから、西洋社会科学で日本を位置づけた論文であると一般に思われています。しかし石田さんの主張はちょっと違います。丸山が二等兵として殴られたその痛切な現実から、「抑圧の移譲」「倫理と権力の相互移入」などの概念をつくり上げた点を評価します。丸山の抽象力への独自な評価ですね。

＊8　桑原武夫　一九〇四～一九八八、福井県生まれ。京都大学人文科学研究所所長。『桑原武夫集』(岩波書店、一九八〇～一九八一年）

こういう抽象力が、土俵際まで追い詰められた日本人から生まれた。そこを評価して、戦前の借り物の社会科学との違いを評価するというところがあるのです。丸山は、現実から出発してそれを抽象化して、誰にでもわかるところまでもっていく。「理論信仰」から脱出する方向というのはこういうもんだというところを見なくてはならない。

オールド・リベラルとの決別

――占領期に占領軍が統治していて、日本の旧勢力が残っており、丸山を始め戦後民主派が出てくる。そういう時期に丸山論文が出れば、GHQでは出版事情を見るでしょうし、日本側の行政機構も、それに対してなんらかの評価をもっていたのではないでしょうか。占領政策に対して、この論文が実際政治でなんらかの評価をもって受けとめられていた可能性、あるいはそれを示す未公開の公文書等はないものでしょうか?

石田 それはないと思います。直接的にはそれは影響はなかった。実際政治との関わりとして言えば、戦後に丸山は近衛文麿と会っています。自殺するまえです。そのときにはまだオールド・リベラルに対する若干の信頼が残っていた。近衛のほうにしたって使えるものは使いたいというのがあった。「超国家主義の論理と心理」を書いた時に、あとで回想で書いているように、オールド・リベラルとの断絶をした。そういうことの合間に、憲法草案がGHQから出されたことは間違いないでしょう。

プライベートとインディビデュアル

——丸山論文と関わって、別の面をお話します。石田さんに初めて私の論文を送ったのは、私が育児休業を取得した一九九五年直後のことです。もう二〇年まえのことですが、育休の申請をして教授会で議論になったことを書いたら、お返事をいただきました。「大学はまだそういうことを議論するくらい古い体質を持っています」と書いてくださって、感激しました。その論文の奥にあった問題意識を言いますと、育休は、丸山の言葉で言う「中性国家」の問題と関係があると意識していたのです。丸山は人間の内面にいっさい介入しない近代国家を樹立せよというけれど、近代国家といえども長いあいだ性別役割分業を前提にしており、男女の分業を固定する時期があったわけです。そこから見れば、男女の生き方に対してほんとうに「中性」となっているわけではない。本当に「中性」であるためには、たんに内面とか信教に介入しない一八世紀的「中性」では足りない。もう一段進まなければならなくなっている。ジェンダー問題と国家の関係ですね。

石田　プライベートの領域とインディビデュアルの領域をどう考えるかです。家族をプライベートと考えてしまうと家庭内暴力はプライベートな問題で、介入できない問題になりますが、インディビデュアルと考えれば、なんであろうと問題になりえます。抑圧者はその事実を認めようとしないことが多いですから、被抑圧者がどこまで表現できるかが重要です。

――なるほど。男女の関係をすっぽりプライベートの関係として覆ってしまうと国家を含む第三者が外からは入りこめないことになるけれども、人間的個体、インディビデュアルな者同士の関係はプライベートとされる殻の内部にいつでも潜在していて、外へ開かれているわけですね。プライベートとインディビデュアルをはっきりと区別するというのは非常に示唆的な視点であると思います。丸山は、あの論文で、国家権力が侵してはならない「私的なもの」を確保しようとしました。だが、その「私的なもの」のなかに潜在する「個」を引き出す必要性が次の段階で出てきます。こういう具合にして、「中性」のあり方は、時代に応じて変化していくと思います。

西洋支配の転換と日本の社会科学

――すこし大きな視点から申し上げるのですが、一九世紀のパクス・ブリタニカから二〇世紀のパクス・アメリカーナへの転換で、日本の社会科学はどういうふうに考え方を変えたのかという問題があるのではないでしょうか。社会科学者自体が存在拘束性のなかで仕事をしているとすれば、それは当然、世界社会の支配構造と関係してくる。支配構造は社会科学の性格に大きな影響を与えます。この点をどう評価されますか。

石田　多数が存在拘束性を受けるのには理由があります。昇進とかそういうことを考えれば、それを簡単に説明できる。ただ、イギリスやアメリカのなかにも少数者がいます。その少数者がどういう役割を果たすか、あるいは少数者同士がどうむすびつくかが重要です。例を挙げると、福岡ユネスコの会議と富士五湖でやった研究会でアメリカの研究者、ジョン・ホール[*9]やマリウス・ジャンセン[*10]のような人は、アメリカのヴェトナム戦争に対して、ある批判的な目をもっていた。彼らは日本に来て、アメリカの日本研究の自己批判をしながら議論をする。そこへ日本側の過去の戦争責任にも結びつけて一番いい議論ができた。そういう稀

＊9　ジョン・W・ホール　一九一六〜一九九七、アメリカの日本研究者。ジャンセンとの編著、宮本又次、新保博監修『徳川社会と近代化』（ミネルヴァ書房、一九七三年）

＊10　マリウス・B・ジャンセン　一九二二〜二〇〇〇、アメリカの日本研究者。編、細谷千博訳『日本における近代化の問題』（岩波書店、一九六八年）

な時代があったことに希望をもちます。

いまのパクス・アメリカーナのもとにおいても、チョムスキー[*11]のように反対している人もいる。だからそういう人達とどういう連携がとれるか、イギリスとだって、日本に入ってきたカルチュラル・スタディーズのなかで、マイノリティーのカルチャーをどういうふうに意味付けるかという問題は日本にもある。日本の理解はちょっとポピュラーカルチャーのほうへ傾斜したようで、イギリスでもっているカルチュラル・スタディーズとはちょっと違ったような気がしました。

周辺からの視座

石田　ここで言うのがよいかどうかわかりませんが、私の関心がアメリカから第三世界に、アメリカのなかでも中心から周辺に移ったことを申しておきましょう。一九六八年の『平和の政治学』を公刊したあとのインタビューで、ヴェトナム戦争が終わるまで訪米しないと宣言した頃からの変化です。一九六九年の夏休み、当時、国際文化会館の調査部にいた鶴見良行の計画で、会館のアジアとの文化交流を促進するために、二ヶ月にわたってアジア諸国を訪問することになりました。アジア諸国といっても、まだ国交のなかった中国、軍事政権下の韓国という重要な隣国は含まれていません。全体の印象のうち重要なのは、シンガポール、フィリピン、インドネシアのようなアジア太平洋戦争中に戦場となったところと、インド、ネパール、パキスタンのように侵略されなかったところとの違いです。

たとえばフィリピンでは、かねてから、戦後は洋服を着た日本軍が来るようになったと言って、コンスタンティーノ教授が経済進出を批判していた。それで、私がちょうど訪問したのと時を同じくして、海上自衛隊の練習艦隊がフィリピンに来たため、フィリピンの新聞に、マッカーサーの言葉を使って We shall return という題の批判論説が載せられた。またインドネシアでは「賠償から商売へ」というかたちでの経済進出の矛盾が、当時はまだ表面化していなかったが、七四年に田中角栄首相のジャカルタ訪問の際に、ジャカルタ暴動というかたちで爆発することになった。

六八年に私は「ヴェトナム戦争が終わるまではアメリカに行かない」と宣言したので、アメリカの大学からの招待は断り続けていました。たまたま七一年からメキシコの大学院大学で教える要請があり、行くことにした。これはユネスコの支援によってラテンアメリカ諸国の大学院生に教育をするプロジェクトで、学生は南米諸国から来ています。七一年から七二年にかけて、家族と一緒にメキシコで生活をしてみました。旅行や一時的調査の場合とは

＊11　ノーム・チョムスキー　一九二八年生まれ。アメリカの言語学者、政治批評家。マサチューセッツ工科大学教授。世界最高の論客と呼ばれる。

違って、その社会の深いところにある問題の難しさ、そしてそれを外から分析することの難しさを実感しました。

同時に、日本のことを中心に教えるのだから、当然それぞれの学生の日本のイメージも考えに入れなければならない。その上、日系移民の歴史も調査しようと思ったので、とても簡単には整理しきれない問題の深さに直面した。帰国後の七三年に『メヒコと日本人――第三世界で考える』を公刊したが、それでも十分に問題をとらえきれているとは言えません。以下に要約するのはその本の内容ではなく、今日の視点からの反省にすぎません。

超大国アメリカ合衆国の隣にあり、領土をとられた経験をもち、今日に至るまで抑圧と差別に直面しているメキシコ社会において、「アメリカ像」というものの重さは大変なものです。そのなかで日本を見る場合、大国アメリカと戦って敗れたことへの同情と、その後の経済復興への評価とが混じりあって、「偉大な日本」という表現が新聞見出しに見られるなど複雑なものとなります。

七三年に公刊した本の記述に対する自己批判も含めて言えば、この一年の体験は、実際に住んでみることによって第三世界の奥の深さや、重層性をもった社会の多様さというものを到底簡単には分析できるものではないと思い知ったわけです。その意味で貴重なものでした。要するに、メキシコの体験は私に、それ以降、第三世界に接する場合の、ひとつの心構えを教えてくれたと言ってよいのです。

少し後のことですが、タンザニアでの体験のことを付け加えておきましょう。なぜタンザニアに行ったか。当時のニエレレ大統領が「月を目指す人もいるけれども、われわれは村を目指す」と言いました。月を目指すとはアメリカのことです。この有名な発言に私は非常に感激した。たまたまダル・エス・サラーム大学の政治学部長が日本に来たとき、「来てくれないか」と言われ、私はこれを受けました。

タンザニアの学生には、日本に関して二つの極端に異なるイメージがありました。一つは、日本が西洋諸国のなかで急速に発展したことを評価し、これに倣うべきだという見解。もう一つは、日本は南アフリカのアパルトヘイトを支持している帝国主義だというものでした。けっきょく、これをどのように統一的に理解するかということを問題にしたが、成功したとは言えません。

このような両極端の評価は、いずれも日本の急速な経済成長そのものの構造に由来します。周辺を犠牲にした中央の発展が、抑圧委譲の原則に従って国外、特に第三世界に及ぶという傾向の結果である。周辺を犠牲にした経済発展は、必ずしも日本だけに限られたものではありません。

ヴェトナム戦争後、約一〇年ぶりに訪米しました。ツーソンのアリゾナ大学の大学院で教えたとき、発見がありました。この時期のアメリカは、東部を中心に建国二〇〇年を祝いましたが、その一方で、南西部の先住民は先住民抹殺の歴史を強調しています。
この体験は、私にマックス・ウェーバーの『古代ユダヤ教』のある一節を思い出させました。「古い文化の中心から新しい考えは生まれない。それはちょうど、毎日電車に乗っている子どもがなぜ電車が動くかということに問いを発しないのと同じである。それに対して、文化の周辺に位置する者は、異なった文化との接触によって新しい考え方を生み出すことができる」とあります。周辺から問い直すことによって、新しい思考を展開することが必要だと痛感して、『「周辺」からの思考』という八一年の本にまとめました。

――世界規模で支配構造が大きく変化するとき、学者もそこに多かれ少なかれ巻き込まれながら再編が進みます。多数はかなりそこになびいていく。しかし、少数かもしれないが、学者個人をみれば必ず支配側の枠からはみ出す人々がいます。発展途上国の研究者の側にも、先進国の支配に対して受動的な人ばかりではなく、この再編に抵抗を感じる人もいます。周辺の諸国は一層激しく矛盾のなかに置かれる。必ずしも多数ではないかもしれませんが、先進国と発展途上国の双方で、研究者のつきあい方によって、ある展望を開拓できる。その自覚的なつきあいが大事になってきます。

石田さんの場合、アメリカから距離をとり、また日本の経済成長主義からも距離をとっていった。中央が周辺を犠牲にして発展するという図式がいたるところにあるんだということをつかむにしたがって、自覚的に、周辺の側に立ってものごとを見ていかねばならんという態度が出てきたわけですね。

「一身独立して一国独立す」から帝国日本への道

――アメリカ近代化論との齟齬が、近代化の急速な発展構造の仕方そのものへの疑問を起こしていったことを伺いました。これはもともとの出発点であった日本近代史の検討へ跳ね返っていくのではないでしょうか。

石田　丸山は「憲法九条をめぐる若干の考察」を一九六四年に発表します。改憲の他律性という論点が出てきて、そこで初めて講和後における憲法九条と日米安保体制との矛盾という問題が出てきます。そのまえにもちろん「三たび平和について」（一九五〇年）があって、両体制の平和共存という課題提起をしたが、講和条約の前に、日本は中立になっていけばいいんだということだった。もっと先まで言うと、時事通信社の社会史五〇年といった企画があって、その企画を担当していた編集者がレッドパージで辞めさせられた。それで、そのことに抗議するというので丸山は執筆拒否をした。それができていれば、「一身独立して一国独立す」の国民国家の形成から帝国日本に移ってくる、その過程をつなげることができたと思います。だけども、それができなかった。けっきょく、ファシズム期の分析とそれから明治初期の国民国家の形成の間が繋がらなかったわけです。

丸山が『忠誠と反逆』(一九九二年)を出すとき、私はずっと「正統と異端」研究会でいっしょにやっていました。「正統と異端」を出せない代わりだというのではない、という弁明はついているが、筑摩書房が論文集を出したいというので、『忠誠と反逆』という論文集を出しました。そのなかに「日本思想史における国家理性の問題」という論文があります。出版前に、国民国家がどうして帝国日本になるのかという過程を書いてほしいという希望を私が出しました。だが、丸山はけっきょく体力が足りなくて、もうひとつは大正期をやっておかねばならないということでやめたんです。けっきょくそこがつながらないままだったわけです。

——非常に興味深い証言です。丸山が残した日本近代史の巨大な空白がある。これは、深刻な空白です。日本社会科学全体で考えた場合、そのつながりを埋めえたと言えるのでしょうか。

石田 いや、埋まってないでしょう。私は私なりに、家族国家観の形成という明治末をやりました。明治初頭はほかの人がやっているということもあるけど、帝国の形成過程として、修身教科書が国定教科書になり、それが改訂され、家族国家観が入ってくる過程を研究した。それから、大正期もつなげて昭和まで通して「イデオロギーとしての天皇制」という一九五二年の『思想』の論文でつないでみました。

しかし、帝国主義の問題というのは、私にとっても失われた環です。丸山の後を追いかけて資料で勝負したらかなわないから、私は社研に移ったあと、足で勝負をするんだというので調査に入った。そのなかで、この失われた環が出てきた。たとえば水俣の調査に行くと、一九二七年設立の朝鮮窒素からひきあげてきて、チッソ水俣の工場長になった人がいた。見事に関係が出てきた。そういうかたちで、調査をしているなかでもこの問題が出てきた。それをどう体系化するかというのはひとつの問題です。

――個々には、日清、日露戦争、あるいは従軍慰安婦問題などを研究している人はいますが、トータルなものとして、国民国家形成から帝国日本へ、なぜ、どういうメカニズムで移っていったのかを書いたスタンダードがまだないということですか。

石田　一つは「短い春」の間に、非軍事化、民主化が力点だということで、一から出直すんだということでみんな明治に戻った。「一身独立して一国独立す」から始めるんだと。そこから先がなかなか進まない。研究の面から言うと自由民権までは行った。だがそこから先はなかなか進まない。

もう一つの問題は、最近特に若い人と接触するなかで感じるのですが、平和のなかで暮らしている意識が強いがために、戦争についての意識が弱くなる。もうちょっと説明するとこういうことです。私個人は、絶対平和主義で軍備をもたないで、自衛権はあるけど、自衛権の行使は非暴力直接行動でやるべきだと考えてきた。したがって、自衛隊の存在そのものが九条に違反するという考えです。一九四九年でしたか、平和問題談話会ができ、全面講和をして両体制の共存を主張した。後に自民党が改憲を進めようとするのに対し、そのなかの主要メンバーが憲法研究会に移る。五九年に国際問題談話会というのができる。福田歓一[*12]とか、坂本義和[*13]とか、篠原一[*14]など私の同世代が中心になった。もちろんもとの平和問題談話会のメンバーも入りました。でも丸山も含めて多くの人は憲法研究会の方に力を注いで、国際問題談話会には出てこない。例外は矢内原忠雄で、総長の頃の彼は矢内原天皇と呼ばれ、権威主義者じゃないかと言われていたが、国際問題談話会には非常に熱心なメンバーで亡くなるまで参加しました。この連中は日韓条約反対で一九六五年に声明を出しました。

次世代の政治学者の発想

石田　ところが後に、一九九三年に「平和基本法」を『世界』に提案した人々がいます。これが私たちよりも後の世代で、高橋進[*15]、山口二郎[*16]、和田春樹[*17]といった世代です。この人々は「平和基本法」[*18]という構想を出しました。前の世代は自衛隊は違憲だと言っているばかりでダメだ、自衛隊を認めた上でどういうふうな「平和基本法」をつくるのかを考えなければならないと言う。けっきょく発表されなかったが、国際問題談話会のメンバーは岩波に呼ばれて意見を聞かれた。そのとき私は、「それは丸山眞男の言う『現実主義の陥穽』だ、現実を前提

＊12　福田歓一　一九二三〜二〇〇七、兵庫県生まれ。政治学者。東大名誉教授。『福田歓一著作集』（岩波書店、一九九八年）
＊13　坂本義和　一九二七〜二〇一四、アメリカ生まれ。政治学者。東大名誉教授。『坂本義和集』（岩波書店、二〇〇四〜二〇〇五年）
＊14　篠原一　一九二五年生まれ。政治学者。東大教授、成蹊大学教授。『ドイツ革命史序説』（岩波書店、一九五六年）、『市民の政治学』（岩波新書、二〇〇四年）
＊15　高橋進　一九四九〜二〇一〇、宮城県生まれ。東京大学教授。『ドイツ賠償問題の史的展開』（岩波書店、二〇一〇年）
＊16　山口二郎　一九五八年、岡山県生まれ。『政治改革』（岩波書店、一九九三年）
＊17　和田春樹　一九三八年、大阪府生まれ。歴史学者。『歴史としての社会主義』（岩波書店、一九九二年）
＊18　平和基本法　一九九三年、雑誌『世界』四月号に古関彰一、鈴木佑司、高橋進、高柳先男、前田哲男、山口定、山口二郎、和田春樹、坪井善明によって、「『平和基本法』をつくろう」という共同提言が出された。自衛隊の合憲を認めるものと当時、平和研究者や平和運動家から非難された。

にしてそれに追随することになるんだ」と反対しました。

　その後村山富市[19]内閣になって、自衛隊は合憲だと国会演説をした。その時、やっぱり「平和基本法」の路線になってしまったんだなあと感じたんです。その点をどう受け止めるか。非常にざっくばらんな話をすれば、たとえば石破茂の世代がプラモデル・オタクで、好んで雑誌『丸』を購読する。それに対する私の反発はものすごく強い。またそんなことを言うのかと。ただ、私自身、絶対平和主義を全面的に言えなかったのです。

　一九六一年から六三年にアメリカに行って、一九六三年にクェーカーの世界大学という実験的プロジェクトで教えました。地域の平和主義者たちは、ＳＮＣＣ（学生非暴力調整委員会）のメンバーを喚んだので彼らの話を聞く機会があった。ＳＮＣＣの訓練は大変なものです。それをやらないで果たしてうまくいくんだろうかと思いました。南部を訪ねて、ＳＮＣＣのメンバーにも会いました。また『ＳＮＣＣ』を書いたハワード・ジン[20]をボストンに訪ねて話を聞きもしました。ジンは、いまからヴェトナム反戦の集会に行くんだけど、いっしょに来るかというので、喜んで行った。考えてみると、アメリカの場合、非暴力か暴力かというのは非常にはっきりしている。ワシントン大行進[21]で何十万人もの人々が非暴力を掲げて行進した。暴力というとアメリカでは本当の殺し合いになってしまう。

　日本では事態は違っています。民間で拳銃をもったり刀をもったりするのは暴力団だけ、学生運動でもゲバ棒です。ゲバ棒というのは文字通り象徴であって、それでも使い方によっては最後には死ぬ。この違いに苦しめられた。日本で非暴力連帯の小さな活動を六九年に大学闘争の過程でやった。衝突する学生集団の間で座り込むという行動です。だけど非暴力直接行動でやれば、軍隊がなくてもいいんだと説得するのが非常に難しい。

日本では、アメリカと違った難しさがあります。つまり、暴力ではない、人殺しではない、ゲバ棒は抵抗の象徴なんだというのがあって、そこが非常に難しい。六〇年安保の時も、けっきょく、新橋で流れ解散をしないで、国会前に座り込めばいいと私は国民会議の事務局長に話した。しかし、彼は統制をとれる自信がないと言う。それはたしかにそうです。あの当時の全学連はそうです。当時の全学連の指導者は無責任だと思います。いまに至るまで。樺美智子[22]が亡くなったということについて何も責任を感じていない。たしかに安保闘争で、いろんな副産物ができました。声なき声の会もできたし、忍草母の会もできた。非暴力直接

＊19　村山富市　一九二四年、大分県生まれ。社会民主党初代委員長。一九九四年自社さ政権で首相となり、国会で自衛隊合憲、安保堅持を表明した。
＊20　ハワード・ジン　一九二二〜二〇一〇、アメリカの歴史家。猿谷要監修、富田虎男他訳『民衆のアメリカ史　上中下』（TBSブリタニカ、一九九三年）、竹内真澄訳『ソーホーのマルクス』（こぶし書房、二〇〇二年）
＊21　ワシントン大行進　一九六三年八月二八日、米ワシントンで行われた人種差別反対のデモ。20万人以上が参加したとされる。
＊22　樺美智子　一九三七〜一九六〇、兵庫県生まれ。東大の学生活動家。安保闘争のさなか、6月15日国会突入時に圧死した。

行動で軍事演習を阻止するものなど、いろいろ出てきました。しかし、どうしても非暴力を全面化するように説得するだけの自信がなかった。だから一方では「平和基本法案」はまずいと言いながら、じゃあこれで行こうということを言えなかったのです。

非暴力直接行動の可能性

「プラハの春」を見ていても、戦車に対して非暴力直接行動で行ったから、後のビロード革命につながる。今日の状況は六〇年安保の時とは違って、官邸前の金曜日抗議行動は延べにして何十万人、期間にしてもう三年にもなる。それが事故もなくやられている。弁護士の見守り隊が回っていて、事故が起こりそうになると割って入って、解決するという知恵が出てきた。私は、非暴力直接行動の可能性がそれだけ大きくなっていると思うのです。六〇年安保の時に「どうしても国会へ入る」と言って衝突をした、あの経験と比べるとなんと成長したものであろうかと思うのです。

小熊英二編の『原発を止める人々』をみると、執筆者を見る限りでは抗議行動は独立自営業者なんかが多い。しかし参加者はそれだけでなく、みんな普通の人が普通の感覚で行っているので、暴力による事故をなくそうという合意ができる条件が広がっているのです。あなたがおっしゃる安保の問題を個人のところで組み直して、ただ単に帝国主義がこうだというんじゃなくて、個人の立場でどう対応できるかという見通しをもって安保体制というものを考えなくてはならないと思うんです。

冷戦期の日本社会科学

――冷戦期の日本社会科学が、片面講話のもと東西対立の言語空間のなかで、いかにして客観性を獲得できるかについて、どういうふうにお考えでしたか。

石田　一番救いだったのは、アメリカのなかにCCAS（憂慮するアジア研究者委員会）があったことです。これはAAS（アジア研究学会）の若手がヴェトナム戦争反対のためにつくった委員会です。七〇年代に若手が組織して、八〇年代になって成果が出始める。八〇年代からJ・ダワー[*23]なんかが作品を発表し始めます。ノーマンを復権させたのはダワーです。それまではノーマンというのは赤だと言われていた。アメリカではノーマンは一般的に近づき難かった。それにダワーが序文をつけて出版した。また、日本の側でもべ平連があって、アメリカに加担するのは加害側に立つことだという小田実[*24]の議論があり、それに同調する人がい

＊23　J・W・ダワー　一九三八年生まれ。マサチューセッツ工科大学歴史学教授。三浦陽一、高杉忠明訳『敗北を抱きしめて　上下』（岩波書店、二〇〇一年）

＊24　小田実　一九三二～二〇〇七、平和活動家、作家。『小田実全仕事』（講談社、一九七〇～一九七八年）

て、日米間に非常に有益な意見交流がなされました。私自身は、「ヴェトナム戦争が終わるまでアメリカには行かない」と宣言した。ハワード・ジンが来たり、そういうヴェトナム戦争反対の立場の研究者と日本にいながら親密な連携がとれたというのは、ひとつの大きな成果でした。

その間、フォード財団の問題がもちあがったり、CIAが金を出しているというような問題が噂になって、アメリカと手を切れという意見があり、他方ではCCASとの連携が進んだという印象ですね。

——冷戦期を思い起こすと七〇年代前半は、一方でソ連科学アカデミーの『経済学教科書』がまだ書籍部の片隅にあり、他方にはロストウ『経済成長の諸段階』の系譜のものがあるという知的雰囲気でした。両極端が併存していたわけです。そういうなかで、平和問題談話会や丸山の著作や石田さんもそのなかにいらっしゃったと思いますが、東西冷戦のいずれの極にも肩入れしない立場をいかにして手に入れることができたのでしょう。

石田　一つの希望はバンドン会議でした。ネルーなんかの第三勢力論等を考えていました。大内兵衛なんかも第三勢力論を言っていた。ところがそれがまもなく崩れるんです。そのグループが分かれていく。平和五原則に対する合意が広くあったのですが。

冷戦後の社会科学

――では、冷戦の崩壊後、社会科学はいかにして客観性を獲得できるのでしょうか。アメリカ一極構造は弱まりつつありますが、このなかでの研究のスタンスの問題をどう考えるのが良いのでしょうか。

石田　いやあ、それは新しいモデルをつくるしかない。一％対九九％という対比をして行く方向があります。私自身は、平和憲法の前文にあるように、日本人だけじゃなくすべてのピープルが平和的生存権を大事にしていくという方向を取ります。そういう普遍的な価値を中心にした連帯は可能だと思います。

――世界人権宣言と国際人権規約を基軸にして、その延長上で物事を見ていくのが、研究者の価値的前提というものを考えるとき、かなり有効ではないかと思いますが、いかがでしょうか。アメリカは国際自由権規約は認めるが、社会権規約は批准しない。またアメリカと並ぶことになっていくであろう中国は社会権規約を認めるが、自由権規約の方は批准していない。そういう両大国の歪みを歪みとして見る立場というのは、この基軸から見えるんじゃないでしょうか。

石田　憲法で言えば九七条の「基本的人権は、人類の多年にわたる自由獲得のため努力の成果であって……侵すことができない」、これは最終的には運動論の問題になっていく。ある意味では難しい、現実的に草の根から考えていかないといけないでしょう。

私は、いまあまり外に出られないから、いろんな人に来てもらって話を聞くのです。このあいだ、大熊町の町議会の議員で町長選に立候補した人に来てもらいました。奥さんは「大熊町の明日を考える女たちの会」の代表をやっています。沖縄の読谷村の場合に、山内徳信が村長になった七〇年代初めには村の土地の七三％は基地だったが、山内徳信[*25]が織物をつくる工房から始めて試射場跡に竈をつくり、すこしずつ基地だった土地を使い、最後には三〇年以上かけて、取り戻した。そういうように、時間をかけて少しずつできることから積みあげていくことができないかというと、できないと言う。双葉町と違うんだけど、いきなり転々として人々は逃げたでしょう。今までおおきな家にいた人が避難所でギュウギュウ詰めにされて、もういやだとなってしまった。いっしょにやるのはいやだとなってしまった。水俣の場合でも、網元の杉本栄子さんと夫の雄さんと、祭りを復活させたんだけど、けっきょく二年でダメになってしまった。つまり、杉本栄子さんの言葉を借りれば「もやいなおし」をしようと思った。しかし、もう一度分裂したら、「もやいなおし」にはならなかったというのです。

ただ、水俣では、山にみかんを植えて、有機栽培のミカンをつくるという連帯ができました。ところが、福島ではどうか。畜産なら、御料牧場でも開放してやったらどうかというが、やっぱり無理だというんです。特殊な事情があってなかなか難しい。双葉の方は一括して埼玉の方に移ったから事情が違うかもしれないが。大熊町は難しいですね。

いまはコミュニティ・オーガナイザーとか、ノウハウを知っているいろいろな人がいる。そういう方々と協力をしながらやっていくことが大切でしょう。こういう場面に社会科学者ができることは、官邸前の抗議活動にせよ、福島の人々の努力にせよ、そういうところの知恵をどういうふうに体系化できるかではないでしょうか。

安保条約と経済成長

――冷戦下における社会科学の客観性の確保という問題に関わって、一九五〇年の平和問題談話会の第二声明は、今日から見ると非常に原理的な理念を立てています。平和

＊25　山内徳信　一九三五年、沖縄県生まれ。沖縄県読谷村村長、社会民主党衆議院議員。

四原則です。一般にはもう忘れられていると思われるので確認しておきますが、「一、日本は完全で全面的な講和を達成する必要がある。二、日本は部分的あるいは個別の講和の締結を拒否する必要がある。その理由は……ある特定の国家に依存あるいは従属することになりかねない。三、憲法上の理由から日本の「犯すべからざる中立」と国連への加入が国家の安全保障上唯一の選択肢である。四、いかなる国にも日本の領土内に軍事基地を維持することを許してはならない」。

この四原則は、政府が無視したので声明は政治的には無効でした。これは理想主義的すぎるということで徐々に忘れられたが、それが実現されなかったからこそ、沖縄基地問題や福島事故のような現実に私たちは衝突した。なぜ、衝突したかを考えようとすれば、けっきょく一九五〇年の社会科学者の声明が、現実的でもあるということになっていくのではないですか。

石田　経済的成長がそういう問題を隠してしまった。要するに、基地は置いといても[*26]、ともかく経済成長すればいいんだと。基地はだんだん沖縄に集中された。知念ウシさんとの往復書簡で言ったように、砂川闘争の時に比べると沖縄に対する連帯感というのはだんだん薄れてきています。

沖縄基地問題を考える

――知念ウシさんとのやり取りを読ませていただいて思いました。せっかく『未来』誌上で、戦後民主主義を代表する社会科学者と沖縄の若き論客が対談するのであれば、互いに違う面があっても、最終的には基地をなくしていく点で合意して、支配層が読んでゾッとする。これはえらい事になってきたと恐れさせるような対談になって欲しかったです。そういう方向で議論が深まっていくということを期待したのです。しかし、必ずしもそこへは行かなかったんじゃないですか。

石田　それはわかります。あれは今度、本として出版されます。知念さんがどう書き足すかわからないが、長年我慢してもう我慢できない、いかにヤマトウと考え方が違うかということを強調する。私はなんとか連帯したいから、共通面を強調する。あとからみると全部が食い違ったようなふうになってしまった。これからも考え続ける必要があるでしょう。

＊26　知念ウシ　一九六六年、沖縄生まれ。国際関係論、沖縄近代史研究者。『シランフーナーの暴力』（未来社、二〇一三年）。二〇一二〜一三年、雑誌『未来』に石田との往復書簡を連載。これは、知念ウシ、興儀秀武、柳原一彦、赤嶺ゆかり著『沖縄、脱植民地への胎動』（未来社、二〇一四年）に掲載されている。

――知念さんのいう「平等な負担」、つまり本土も基地を平等に引き受けよというのは、安保廃棄が難しいという限定的局面における問いかけとしてはインパクトがあります。しかし、これでさえ本当に実現できるでしょうか。それは安保廃棄とおなじくらい難しいかもしれない。安保廃棄ができないのであれば、せめて基地の平等負担をというけれども、決して問題が処理しやすい、より短期的に実現しうる問題に置き直されたわけではない。基地を分有せよという提起は、そのことを考えていない本土人の固まった頭を揺さぶる意義はありますが、それをふくめて、さてその先はどうなるか、全体の戦略まで仕上げていかないとわかりにくい点がありますね。

石田　いま誰も安保を廃棄する見通しを立てられない。そうだとすれば、実際にいまの運動にどれだけ政治的有効性をもたせられるかです。具体的運動しかありえないでしょう。

――『安保と原発』のなかで石田さんが紹介しているように、たとえば思いやり予算を福島へ回せというふうな署名活動がありますね。政府が財政的にサポートしているから米軍は沖縄にいる。金の補給を断てば、米軍が沖縄に駐留する理由は消える。すると、みんなで基地を平等負担する必要も消える。一般化すると、大砲かバターかという議論です。

少子高齢化が進むなかで、年金、介護、子育て、教育など、ますます市民の社会的費用が増大する。同一の財政規模であれば、無駄を減らさない限り、増大する社会的費用を捻出できない。軍事費のなかに無駄がないか、思いやり予算は本当に必要か、こういうところを争点化することが必要です。

大砲じゃなくてバター、軍事的安全保障よりも人間の安全保障を優先する。知念さんの基地平等負担論はそれだけを切り離すと行き詰まる恐れがあるように思います。基地問題を大砲かバターか、軍事的安全保障か人間の安全保障かという争点と結びつけて、安保の財政的な根を枯らしてしまうという戦略へもっていく。これまでの普通の社会科学の議論では、格差社会を論じることと軍事的安全保障を論じることは無関係でした。しかしそんな馬鹿なことはない。両者は同じパイのなかにあるパーツでしかない。こういう発想に立っていく社会科学のロジックが今後大事じゃないでしょうか。

政治的有効性をもちうる思想的な問いかけ

石田　そのためには、鳩山が言うような抑止に依存するというのではだめで、非暴力直接行動でいくんだという態度決定がどこかで出てこなければいけません。そうでないと、たちまち抑止力がいるんだからお金も基地も出しましょうということに舞い戻ってしまう。もっと立ち入った言い方をすれば、いまの若者に戦争とは何かと、戦争とは人を殺し殺されることなんだと説明し、仮に生きて帰っても、ヴェトナム戦争の場合のように戦死者を上回る自殺者が出るんだ。イラク戦争でも非常に多くのPTSD患者が出ていると、そういうことをふくめて戦争というものはどういうものなのか。それでも戦争をやるのか、基地がいるのかということの議論を始めていかないといけないでしょう。

そうした事柄を抜いて、基地をどうしますかという問題だけを切り取ってきても、有効ではない。そこが一番難しいところです。一九六〇年当時は、戦争について少なくとも被害者としての実感があった。加害者としての意識がなかったにせよ、被害者としての記憶はあった。それがいまはない。ないなかで戦争というものを若者に知ってもらわないといけない。それはちょっと何かを提案してこれで運動をしましょう、というわけにはいかない。

——基地問題の根本は戦争の問題です。共に生きるのか、それとも相手を殺して生き残るのか、どっちかです。その根のところから考えていく。そういう大きな問題を考えていなくては立ち向かえないですね。

石田　そういうことです。いまは、飛行機の発着を夜なかにするのはやめろという判決が出ている。自衛隊機は止められるが、どうして米軍機は止められないのかということが問題になってきているわけです。だから、そういうのは、そっちはそっちでやっていくし、じゃあ抑止はなくていいのかという問いかけに対して、より根源的な問いかけをしないとね。「抑止をたのんでいるから、我慢しないとダメなんだ」というのに戻ってしまう。

――さきほど石田さんは、個人の行動まで降ろして安保を考えると言われた。印象的な言葉です。私の知見の範囲のことでしかないですが、安保体制の成立過程や外交史などを実に細かく研究している方々はいますが、同時に、どうやって、安保を市民の問題として、しかも個人の行いうることは何かという次元まで具体化して考えている研究者は非常に少ないのではないでしょうか。

石田　冷戦体制の当時から、安保体制についてちゃんとした社会科学的な研究が足りなかった。これは深く反省しないといけません。どうしてそこで躓いたか。所得倍増政策にやられた。個別社会科学者がＣＩＡから金をもらったなんてこともあるかもしれない。だがそれ以上に、経済至上主義が圧倒的に関心を安保から奪った。

個別の近代化論の議論は、寿命が短かったですよ。ガブリエル・アーモンド[27]とかの一派が振り回した議論では、これは特にアジアでは地味な研究者たちによってどんどん覆された。それはCCASの主たる業績だが、問題はもっと大きくて、一般的な研究姿勢の問題として、全体としての関心の置き方が経済繁栄へ傾斜した。それに対する警戒感が弱かった。その際、私はさっきのプラモデル・オタクは嫌だ言ったが、非武装・非暴力直接行動に対してはものすごく抵抗があって、人々のなかへ入りにくいというのがあって躊躇したというのは否めません。

構造的問題と草の根の問題をどう結びつけるか

石田　私は一ヶ月に一人とか二ヶ月に一人のペースで、いろんな活動家の話を伺っています。沖縄と福島などの問題をつうじて、それを帝国主義体制という構造的な問題、あるいは新自由主義の問題といっても良いが、そういう大きな構造的な問題と草の根の運動とをどういうふうに結びつけていくかを考えています。

――その点で、同じく『安保と原発』で石田さんは面白いことを仰っています。福島からの避難民を国民はどれだけ引き取りうるか、それをもっと言うべきだと。また、福島の人々もっと受け入れてくれと国民に向かって言ってよい、と提起されています。リアルに家のなかに福島からの避難民を入れて暮らしていくということは大変なことですが、そういうことを考えていなかったなあとハッとさせられました。

こういう発想をしていくと、たとえ本当に家で受け入れるまでいかないとしても、自治体で空き家調査などをして、互いに住宅情報をやり取りして、自治体間で問題を受け止めたり、解決のための連携をできる余地が生まれます。非常に面白い提起ですね。

石田　ばらばらになって散ったわけですから、若い人たちはもう戻らない。そうだとすると、新しく何かをするというエネルギーをどこからつくり出してくるか、これは容易なことではありません。

個人レベルに問題を落として考える

石田　非暴力直接行動という問題についての研究は、平和学のなかで非常に弱いところです。『平和の政治学』（岩波新書）を書いた時、多少それはやりましたが、六九年の東大紛争の

＊27　ガブリエル・アーモンド　一九一一〜二〇〇二、アメリカの政治学者。内山秀夫他訳『現代政治学と歴史意識』（勁草書房、一九八二年）

あとで一般教養の全学ゼミで「非暴力直接行動」という主題でゼミをやって、駒場から何人か来ました。一つずつケースを決めてやってもらったんですが、残念ながら現地に行った人は一人もいなくて、資料を使ってそれなりにまとめた。『平和と変革の論理』がそれでした。

――長らく護憲運動はありますが、一方で国連を中心にした集団安全保障秩序を構築しつつ、他方で、たとえ丸腰であっても、抑止力に頼ることなく平和主義を貫くという態度はかつてあったと思います。しかし、国連は大国の利害で骨抜きにされて、集団安全保障の秩序を本気でつくろうとする気概はないのですから、日本国憲法で頑張るという場合でも、国際的な平和秩序の方が未整備である以上、憲法の丸腰主義で本当に大丈夫なのかという不安が国民のなかにどうしても出てきてしまう。

朝鮮戦争のなかで再軍備が出てきて、世論を押し切ってしまったのは理由のないことではなく、元来、両輪で機能するべきところが、片方（憲法）しかないなかで、出てきた論理的な帰結です。いわば片肺の平和主義が避けられない試練を迎えていたわけです。けっきょく憲法だけで押せば押すほど、大国の懐に逃げ込んで守ってもらいたくなるわけです。しかし、軍事同盟に入れば本当に安全かというとけっしてそうではなく、ぎゃくに東アジアに冷戦構造と植民地主義の未清算が残っていく。だから、軍事同盟で問題が解決するわけではなく、よけいに東アジア内部で緊張が高まり、複雑化し、問題解決から離れてしまう。

一方で九条の本来の理想は簡単には実現できないが、軍事同盟の方も決して「安心と安全」を保障しえない。すると、やはり根源的なところから言うと、非暴力直接行動の覚悟を決めて、いわば生活本位で立て直していくということが大事になりますね。

石田　戸締り論[*28]というのは強力な対抗理論です。戸締りしなくていいんだ、もし軍事的に抑圧されても、われわれは不服従でやるんだというところまで腹をくくらないといけないんじゃないでしょうか。

――そういうものを根源的に論じた平和論はみたことがありません。

石田　だから怠慢といわれても仕方がありません。

――憲法九条をどう具体化するかという問題は、石田さんが一人で背負うような種類

＊28　戸締り論　戸締りをしなければ強盗は入ってくるという議論。憲法9条を批判するために国防の必要を論じる。

の課題ではありません。まだ世界が武装で動いている時に、日本だけ非暴力主義でやるんだと言い切るためには、軍事的に抑圧されても不服従で行くというところまで腹をくくらないとだめだという議論は、今回初めて聞きました。しかし、言われてみればたしかに最後はそのぐらい深い自覚が要るのかもしれません。憲法九条を守るという行動は、スローガンを超えて突き詰めていくと、そういう次元まで含むものだということを考えさせられます。非常に根源的な問題領域であり、課題です。

石田　そこのところを抜いて、ともすればすぐに軍事戦略のほうに行ってしまう。だけど、それでは、堂々巡りになってしまいます。

一九六〇年代以降のアメリカ研究者とのつながり

石田　私は占領中英語を喋らなかったので、占領後はしゃべれませんでした。六〇年安保で大変なことになった。具体的にはライシャワー[*29]とフェアバンク[*30]が日本に来て、私に会いたいと言ってきた。それで会いました。そのとき有馬龍夫（現在、早稲田大学教授）が通訳をしてくれました。ライシャワーやフェアバンクとの話はすべて有馬が通訳してくれた。そのころ、ジョージ・パッカードが大学院で六〇年安保の博士論文を書くというので、たびたび僕のところへ来ていたし、エズラ・ヴォーゲル[*31]も日本にいて、丸山といっしょに研究会をやるとか、六〇年安保のあと急速にアメリカ人との研究会が続くようになりました。これではいかんということで英会話の練習をしました。

経緯だけ言うと、六〇年安保で樺が亡くなった前後から私は体調を崩して休んでいました。なにかしなきゃいけないと思って、スカラピーノ[*32]のところで本を準備していた升味準之輔宛に、六〇年安保の日本の状況を手紙に書いたわけです。彼はそれをスカラピーノに見せた。スカラピーノは、私の了解をとらずに、リサーチアシスタントだった、のちの琉球大学教授で沖縄県の副知事になる比嘉幹郎に全訳させ、それを友人に配った。民主党のアクティブな人々に配ったらしいです。彼は、対日政策にある種の影響をもちたいということだったかもしれない。あるいはマッカーサー大使を批判したかったのだと思います。

そういう因縁から、ロックフェラー財団から金を取るから来ないかという話になりました。

＊29　E・O・ライシャワー　一九一〇〜一九九〇、東京生まれ。アメリカの歴史学者。駐日大使。
＊30　J・K・フェアバンク　一九〇七〜一九九一、アメリカの歴史学者。大谷敏夫、太田秀夫訳『中国の歴史』（ミネルヴァ書房、一九九六年）
＊31　エズラ・ヴォーゲル　一九三〇年生まれ、アメリカの社会学者。広中和歌子、木本彰子訳『ジャパン・アズ・ナンバーワン』（TBSブリタニカ、一九七九年）
＊32　R・スカラピーノ　一九一九〜二〇一一、アメリカの政治学者。初瀬龍平、境井孝行訳『アジアの政治発展』（三嶺書房、一九九七年）

たまたま予定をしていた一九六一年の九月から翌年の春まで、スカラピーノがカリフォルニア大学のバークレー校にいないということがわかったので、ミシガン大学にいたロバート・ウォード[*33]が私を貸してくれと言ってきました。最初六一年の秋から翌年春までは五ヶ月間ミシガンにいて、そのあいだに私は利益団体（インテレストグループ）に関する原稿を書きました。ウォードの助手に福井という人がいました。彼は後に広島の平和研究所の所長をやったんですが、彼が英訳してくれてウォードに渡してくれたのです。

——カリフォルニア大学バークレー校とミシガン大学は、どちらもアメリカの東アジアや日本研究の拠点ですね。

石田　ウォードは、学識はさほどでないが学会政治に長けていて、後にアメリカ政治学会の会長になった人物です。学会政治的には大きな影響力をもちました。SSRC[*34]（社会科学研究協議会）が、発展途上国の政治に関する特別なプロジェクトに膨大な金を出した。それで親切心からか知らないけど、ウォードが私を推薦して、プリンストン大学出版会から出たシリーズ本に三冊関係しました。

アメリカ近代化論との齟齬

石田　まず、「発展と官僚制」という主題でスタンフォードのあるパロアルトでやられたもので、外国人は私とS・N・アイゼンシュタット[*35]でした。ただし、外国人に準ずる者としてシグムンド・ノイマンもいました。三人は、アメリカのコールマンとアーモンドなんかとどうしても合わない。合わないというのは、およそ彼らは歴史がわかっていない。発展途上地域といっても、地域研究の人はほとんどいない。要するに政治的近代化というのは、一定の指標をつくって比較をするっていうだけのことだった。ある意味では単線的発展論です。

とりわけ我慢できなかったのは、マックス・ウェーバーの伝統的、カリスマ的、合法的支配という類型論を段階論として考える点です。そうすると、アメリカのなかにある三つの要素が出てこない。みな縦のものにされてしまう。

私もノイマンも、形式主義だとかヨーロッパがわかっていないと不満を言いました。ポー

＊33　ロバート・E・ウォード　一九一六〜二〇〇〇、アメリカの政治学者。坂本義和との共編『日本占領の研究』（東京大学出版会、一九八七年）

＊34　SSRC　一九二三年に設立された社会科学研究協議会。ラッセルセージ、カーネギー、フォード、ロックフェラー各財団から資金援助を受けている。

＊35　S・N・アイゼンシュタット　一九二三〜二〇一〇、イスラエルの社会学者。大森弥他訳『近代化の政治社会学』（みすず書房、一九六八年）

ランドのユダヤ系の生まれのアイゼンシュタットは、ナチ問題があって、数量的に一定の水準にあるからといって肯定的に見て良いのかという問題意識がある。後に、アイゼンシュタットの『政治社会学の諸問題』のなかにいれた未公開論文で demodernization とか、それから breakdown of modernization とか、つまり同じ発展段階でも、持続的に発展ができるかできないかという区別を出している。私も『現代政治の組織と象徴』に入れた「日本における政治的近代化の型について」という論文で、客観的基準で決めるのはおかしい、どういう価値を志向しているかで決めないと、demodernization か modernization かわからない、普遍主義的価値を志向する型と特殊主義的な価値を志向する型の区別をしました。ナチとか日本は、特殊主義を志向する場合だと考えた。こういうふうに、箱根会議以来日本側の研究者は、アメリカ近代化論が価値を入れないで、数量だけでやるのはおかしいとずっと主張していたのです。

これと関係して注目されるのは、一九六二年四月ボストンで行われたAAS（アジア研究学会）の大会冒頭の丸山眞男報告です。これは近代化論の一次元性を明らかに批判したのです。「個人析出のさまざまなパターン」という題で、後に加筆された分を含めて現在『丸山眞男集』第九巻に収録されています。

報告では、政治、経済、社会のレベルで一義的に近代化の程度を考える図式に対して、個人の社会への反応の仕方という態度のレベルでの問題を提起しました。すなわち、結社形成的か否かという座標軸と、遠心的か求心的かという座標軸を組みあわせ、「自立化」「民主化」「原子化」「私化」という四つの態度類型をつくり、それらの関係によって歴史の動きをとらえようとするものです。この方法は近代化論と同時にマルクス主義的一義性も批判した野心的な試みです。その詳しい点まで触れる必要はないでしょう。ここでは近代化論批判の点で注目すべき作品としてあげておきます。

箱根会議でアメリカの研究者のなかでもベンジャミン・シュヴォルツのように多元性の必要を主張した人もいました。一般理論としての近代化論は、アメリカでも異論がなかったわけではなく、また永く支配的であり続けたわけでもなく、まもなく影響力を弱めます。表面的に何が変わり、その底流で何が変わらなかったかというのは困難な問題で、注意深く扱う必要があるでしょう。

SSRCの研究プロジェクト

石田　もうひとつ、SSRC（社会科学協議会）はその時によって重点が変わります。七〇年代前までに日本研究の政治発展論でも、最後に成功物語だけではまずいんじゃないかという意見が出て、昭和のディレンマをやらなきゃいけないというので、ジェームズ・モーリーが中心になって、日本の近代化の問題点をやるようになりました。それと関係して、七〇年代にコンフリクト・イン・ジャパンというのをやりだした。私も喚ばれて報告をしました。

そのとき一緒になった仲間に、スーザン・ファールなど新しい世代がいました。古いのはドーアなどです。一九八〇年代の初めめですが、ハーバード大学のデパートメント・オブ・ガバーンメントのチェアマンから手紙が来て、今度日本の専門家を採用したい。候補者のリストがあるので意見が欲しいと。リストに入っていないが、マイノリティと女性がいれば是非推薦して欲しいと言ってきた。これは当時の採用重点を示す一つの事例だと言えるでしょう。

——SSRCは戦後アメリカの財団をバックに、官民協調で世界規模で社会科学に関する研究戦略を展開しました。それは日本の社会科学に対して、ある程度影響を与えたと思いますが、実際上その影響はどういうものだったのですか。

石田　SSRCは、最も露骨に出たのは政治的近代化の一般論の方であって、それ以外の、たとえば日本研究の場合には、世のなかで騒がれているほど偏ったものではありませんでした。箱根会議自体は多少は偏りがあったかもしれませんが。いろいろな人がおり、リビジョニストも出てきた。リビジョニストというのは、日本を民主化しなきゃいけないというのに対して、日本の伝統は悪くないというのがリビジョニストです。
だからSSRCにも多様性があるので、日本の社会科学が影響を受けたという、あまり陰謀説というのを私は取りたくありません。私が出た会議でも、非常に露骨な感じがあった場合と、非常に学問的であった場合といろいろあります。SSRCが噛んで、何を主題に決めるかというのは、そのこと自体がある種の価値的前提を伴うので注意しなくてはならないが、その全てが、ある種の陰謀によってなされていたとは言えない。実際の政策をきめるコミッティー自体がメンバーが変わるし、それによって重点も変わるので、あまり一義的に考えないほうがよいでしょう。

アメリカの民間財団のソフトパワーをどう評価するか

――ジョン・ダワーなんかも、広い意味ではSSRCのなかのプログラムから出てきた一人ですね。

石田　もちろん彼だってSSRCからお金をもらってやった研究もあるでしょう。だから、同じ人でも時期によって違うということがあり、同じ財団から金をもらっても、人と時期によって違うということをはっきりさせておかないといけない。あまり一義的に決定されているように見ると危険です。

——陰謀説をとるわけではないのですが、いわゆるケネディ＝ライシャワー路線と日本近代化論のテーマ化とは、大きなつながりがあるのです。つまり、アメリカ財界としては日本の研究者を組織して、近代化をどう進めていくかという枠組みのなかで研究をやらせて、世界戦略を進めていきたいわけです。これは推測ですけれども、日米の研究者が参加した会議では講和条約と安保条約は、いわば所与のものにされていたのではないでしょうか。つまり戦後日本の大前提を議論の対象にはしないという、暗黙の前提があったのではないですか。

石田　一九六〇年代の研究状況に関して、はっきり区別しておかなければならないのは、アーモンドのように一般論として近代化を論ずる人と、日本専門研究者です。日本専門研究者も、もちろん一般的近代化論の影響を受けているが、歴史的事実に即して考えるから、それほど公式論にはならない。当時の日本研究者の場合、歴史研究が多いので安保の問題に直接関連をもつことはほとんどありません。さらに日本研究が進んでくると、もう一般論にはそれほど影響されず、あるいはそれぞれが色々な理論の影響を受けて分化してきます。ヴェトナム戦争以降は特にそれがはっきりしてきたように思われます。

実はすでにライシャワーが大使になったとき、彼を近代化論の代表者のように日本で言っていたのに対して、私は多少の違和感をもっていました。というのはライシャワーはアメリカでは実証派というのか、あまり近代化論に関心を示していなかった人として位置づけられていたからです。ヴェトナム戦争後のアメリカの学界全体の動向については、私自身あまり関心を強くもたなくなったので、どのようなかたちで特徴づけるべきかについては、特に明確に述べることは出来ません。

先に述べたことですが、私の関心は次第に日本を第三世界との関係でどう位置づけるか、あるいは第三世界を含んだ世界のなかで、日本の平和をどう考えるかという方向に移ってきます。そこでもう一度日本のなかの問題に戻ってみたいと思います。

平和問題談話会が組織されて、そこにリベラルから左翼までの知識人が動員されました。そして「三たび平和について」が出されたということは、これは当時の知的世界ではそれなりに影響力をもった。総評が「鶏からアヒルに」変わったと言われたように、大きな抵抗の基礎になった。五九年には活動が低下してきたから、坂本義和や福田歓一とかが、引継ぎをしました。

平和問題談話会のなかではごく少数の人が国際問題談話会に残って、矢内原忠雄が熱心に参加しました。東大職員組合婦人部の人たちが東大の職場に保育園をつくってくれと言ったら、矢内原総長はとんでもないということで、しようがないからこの（自宅の）部屋で保育をやったんです。いまはもう東大のキャンパスのなかに大きな保育園はある。看護師さんがたくさんいますから。最初は三人くらいでここで始めたんです。

そんなこともあって、矢内原はすごく権威主義的な人だというイメージをもっていたんです。ところが国談会では若いものと一緒に勉強して議論する。亡くなるまで元気に活動した。それには感服しました。日韓基本条約反対声明は彼が亡くなった後でのことです。それが変わったのが、平和基本法あたりです。あれが出てきて新世代が登場したが、私たちの世代は安保反対、自衛隊違憲です。われわれの考え方に対して新世代は非現実的だと主張し、「平和基本法」をつくって現実的にやろうと言いだしたのです。

――アメリカ近代化論は、政治的にはケネディ＝ライシャワー路線が池田勇人内閣を取り込むなかで、学問的には経済成長論のかたちをとって経済学へもち込まれ、けっきょく日本の民衆へ浸透していきました。いわゆる「月給二倍論」を民衆は歓迎しました。SSRCは資金面でも学術会議のテーマ設定においても日本のアカデミズムに働きかけました。

しかし、こうしたソフトパワーがある範囲で影響を与えたことは事実であるとしても、石田さんの証言によれば、歴史学や政治学などのジャンルで日本の学者を完全に納得させるまでには至らなかった。丸山の「個人析出のさまざまなパターン」がアメリカ近代化論の一面性をえぐる批判であったことがその一つの証拠です。それだけでなく、冷戦構造のなかでの「平和問題研究会」や「国際問題談話会」が非同盟・中立の実践的可能性を追求したことは、一種の知的抵抗として意味づけられますね。

第四章　社会科学と言葉

——ここで言葉と社会科学の問題について考えてみたいと思います。石田さんは言葉の問題を非常に重視しています。もともと思想史から入って、政治のなかでの言葉の機能に敏感であった石田さんは、自然に社会科学と言葉の問題へ近寄っていったようにみえます。また、同じ問題を考えていた内田義彦の提起に触発されたとも思われるます。内田は、社会科学者が言葉を使って社会にかんして何かを論じる、という自明のことにあらためて注意を喚起しました（『社会認識の歩み』一九七一年、『作品としての社会科学』一九八一年）。彼によれば、日本の社会科学は、日本語を使って社会科学の世界を構築している。その場合、学術用語を使いますが、それらは日常語とつながっていなくてはならない。言葉のなかには日常語から学術語までの幅なりグラデーションがある。これがうまくミックスするようなかたちで、市民の会話のなかに学術語と日常語が組み合わされる。

彼はそういう日本語をつくることを、一種の文化革命の課題と考えていたようです。

日本社会科学の二階建て構造

石田　内田の考えにもう少し付け足すなら、カール・レーヴィットが言ったように、日本の言語は二階建てになっている。二階は西洋から来た言葉で、一階は日常用語だと、そして間に梯子がないという問題です。私は、それは必ずしも一概に悪いとは言えないと思う。この二階建て構造を認めた上で対話を考えるべきだった。なのに、対話を考えないで、感覚的な結びつきにしたと思います。

具体的に言うと、外国に認めてもらうために、必要な手段として外見的立憲主義を取り入れた。そしてそのために、久野収の表現を使えば密教が上層に行くと支配的で、高等教育へいけば、憲法を教える。たとえば美濃部達吉の国家法人説（天皇機関説）を教えてもかまわない。ところが民衆向けの顕教の方では、どうしても伝統的なものをいれなきゃならないので教育勅語を入れる。その間に衝突が起こって、密教が顕教にやられてしまったというのが天皇機関説事件だった。家族国家論が情動的に国家と個人を結びつける。伝統的な家族秩序と近代国家とを結びつけるのが家族国家論だった。そういう情動的なずるずるべったりの結びつきにしないで、一階と二階で対話をするというのが重要だと思います。

——西洋から入ってきた用語である社会、個人、人権などは明治の日本語のなかにはなかった。社会科学者は近代社会を記述するために、翻訳されたこれらの言葉を二階で使うが一階の前近代的な土壌のなかにはこういうものがまだ未熟だった。だから、学術語と日常語が乖離した。しかし、西洋化が進めば、外来語の実態が日本人にもわかるようになって、一階の日常語と二階の学術語の間で対話ができるようになる。そうなれば問題はありません。ところが、そうはならなかった。家族国家論は、民衆が個人、社会、人権を手に入れないように「教育勅語」を入れ、支配層だけが西洋起源の外来語を操って統治する。つまり、一階と二階とが全国民的に対話できないように、対話回路をわざと壊すことによって社会を編成したのです。

福沢諭吉と中村敬宇の違い

石田　『政治文化と言語象徴』のなかで、私は福沢諭吉[*1]と中村敬宇[*2]を比較しました。中村は、日本の伝統と西欧の概念の間には共通性があることを強調します。福沢は、少なくとも当初は、両者の違いを強調し、西欧と日本との間の文化接触にともなう対話を強調した。中村の方では共通性を強調するから、対話が生まれない。ここで文化接触という言葉で言いたいのはKulturberührungというウェーバーの『古代ユダヤ教』の言葉が指していることです。周辺ほど異なった文化と接触するから、中央の文化を問いかける発想ができるという意味での文化接触です。

福沢は最初対話を重視したのに、日本がだんだん西洋一辺倒になっていくので対話が消える。アジアとの対話についても、福沢は、自分は漢学の古典の講釈ぐらいはできる、つまり自分は知っているんだという前提に立っているから、文化接触にともなう新しい問題を見つけられなくなる。そこに問題があった。それは国内における周辺からの問いかけに応えられなかったということにも対応している。富国強兵は、上からの西洋文明を本位とするということの帰結だから、国内でも周辺からの問いかけがないし、言わんやアジア隣国に関してそれがまったくなくなったわけです。

――けっきょく福沢の場合も中村と同じように、だんだん異質なものとの対話の必要性を言わなくなってしまった。

＊1　福沢諭吉　一八三五〜一九〇一、大阪生まれ。慶應義塾、時事新報社を創業。啓蒙主義と帝国主義を兼ねる思想家。『福澤諭吉全集』（岩波書店、一九五八〜一九七一年）

＊2　中村敬宇（正直）　一九三二〜一八九一、江戸生まれ。明六社の会員。スマイルズの自助論を『西国立志編』として翻訳。

創造的な文化接触

石田　『誰もが人間らしく生きられる世界をめざして』にも書いたように、ヴェトナム民主共和国が独立宣言を出すとき、アメリカ独立宣言とフランスの人権宣言を引いて自分たちの道を見出していった。これは創造的な文化接触です。より強いものに対する弱いものの創造的な文化接触です。

――いまおっしゃったのは、西洋から入ってきた翻訳語をむしろバネにして、アジアの小国が自己を擁護する武器とし、本家本元に突きつける。外来語と日常語との間の交流を生産的にやった、いわばお手本ですね。

石田　天賦人権はゴッドを天に置き換えたわけです。それは非常にプラスだった。ところが社会進化論は、天賦人権説を克服するために使われてしまう。中国の場合は、社会進化論だと負けるから、弱者の立場で社会進化論を使うというか、問い直す。たとえば魯迅がそれです。「近代の超克」でシュペングラーを使って西欧近代の超克をやっていこうというのは、対話によるのではなく、西欧の言葉のなかで自分に都合のよいものを使って西欧思想を否定する。これは日本の場合ずっとある。ちょうどヴェトナムと反対になりますね。

日常語と学術語

——内田は、日本の社会科学者が外からもち込む学術語で論文を書いても、学者同士では通用するが、民衆の生活とは没交渉のままじゃないかと考えた。だから、学術語を生活者に届くような、こなれた日本語にしなければならんと思った。「社会科学の言葉を取り込んだ日本語の創出」というのは、学術語を上手にわかりやすい日本語の文脈に溶かし込むということです。民衆のほうでも、直面する問題を解決するうえで、日常語では正確に記述できない限界を見極めて、学術語の必要なところまで能動化しないといけないと考えたようですね。市民との読書会は、日常語と学術語が互いの位置を定める重要な場所でした。

石田　内田は、日本がスミスの経済学を出来上がったものとして輸入していると指摘しました。それがどういう社会で、どういう過程でできあがったかということを理解しないから、よそから借りてきて当てはめることになる。だから日本のなかで日本の分析のための道具をつくっていこうと、その努力をすればスミスのようなことができるはずだという提起です。

――スミスの背後にはたくさんの商人化した市民がいて、市民社会の、アカの他人同士のモラル形成とか規範形成、あるいは同感と言ってよいものを日々彼らが求めて実践している。スミス自身が、一方で一人の市民であり、他方で市民の日常を学術語で表す学者です。学術語の基盤に日常語があって、そこから学術語を磨いてつくっていった。おなじようなことを日本でもやろうと内田は考えたということですね。日本の学者が西洋言語を砕いてわかりやすい翻訳語をつくればよいというのではなくて、下から人々が活動を組み上げていく経験を活かして、そのなかで学術語を必要最小限つくっていく。すると、学術語を組み込んだ日本語、つまり管理化に対抗できる理論武装した日本語を創造できるというわけです。

石田　たとえば鶴見和子は、プリンストン大学の大学院で、本当は柳田國男をやりたかった。だけど、博士論文としては難しい。マリオン・リーヴィというプリンストンの指導教授を知っているから、「それは難しいでしょうね」と私は言いました。鶴見の博士論文は日本の学生運動のことを書いたものです。それを読んで感じたのは、鶴見は「道具」箱を見せないといけなかったのだということです。これだけの道具を使いましたってことを示さないとアカデミック・コミュニティには認めてもらえない。もっと悪くなると道具として使えないんだけど、道具そのものを尊敬しちゃって解説するというふうになる。一般に道具というのは家を建てるときに役に立つから道具なんだが、アカデミック・コミュニティは、道具箱をひっくりかえして沢山の道具を見せないと認めない。鶴見自身は博士論文以降、「内発的発展論」を展開するようになりました。

——自己目的化した道具というのは、アカデミック・コミュニティでは評価される。しかし、自分の依拠すべき社会の根とは切れてしまいますね。

政治文化論の由来

石田　どうやって言葉を使いこなすか。言葉がもっている創造性と、ぎゃくに人を規制する力、言葉は人間がつくるもんだという面と、つくられた言葉が人間を規制するという面と両方あります。言葉をどういうふうに統一的に考えるか。私は、政治学の政治的発展論が個別の文化を無視したことに反発して、同じ政治発展論から出てきた政治文化論に重点を移したのです。それで『日本の政治文化』とか『近代日本の政治文化と言語象徴』など、いくつかの本を書きました。しかしそこにまた落とし穴があった。言葉で文化を特徴づけることが一種の文化的決定論になってしまう。私自身の反省で、『平和の政治学』の前半、「平和の観念と文化的伝統」で扱ったことですが、たとえばインドで「シャンティ」という言葉は心の平穏を意味する。ガンディーは「シャンティセーナ」という言葉で示される行動隊を使って、非暴力直接行動の抵抗をした。これは「文化的伝統」と外見的には矛盾することになるのです。心の平穏から出発するが、消極的なものではなくて積極的なものである。その変化が文化的決定論だと出てこなくなります。

言葉を扱う場合、その危険を考えておかなくてはいけない。『日本の政治と言葉』のときは、近代に限って、実際にどう使われたかということに固執してその危うさを指摘しました。そうでないと文化の方から規定していくと、固定して危ないことになる。

――石田さんの「政治文化」という言葉は、近代化をめぐる問題から派生して出てきたものだったんですね。

石田　はい。ただ、政治的文化は一義的なものではないことをはっきりさせたいと思いました。それで「同調と競争」と副題をつけて、きわめて両義的なものだということを表わそうとした。そういうかたちで日本文化論を展開したのです。それでも、まだどこか危ないところがあります。

「国民国家」と「発展主義」の問い直し

――石田さんは、「国民国家」と「発展主義」の問い直しが必要だと『社会科学再考』以来、問題提起されました。経済成長という言葉は、もともとはアメリカ経済学の **economic growth** でしょう。これが翻訳されて池田内閣以降、非常に肯定的に受けとめられることになりました。ここ五〇年で、景気が悪くなると成長率を上げようという願望が民衆の側から出てくるようになった。首相になった人も、人気を上げるために経済成長をたえず強調して、経済をしっかり支えるというポーズを好んで選ぶ。このような一種の国民的コンセンサスが出来上がったということは、どういうことなのか。言葉の問題として考えると、内田が願ったのとは真逆ですが、行政用語が日常語に浸透していって、管理化をすすめた。この意味では体制側がそういう日本語を先手をとってつくったということを意味しますね。

石田　ひとつは戦後の日本社会が財閥解体とか農地改革でもって一応平準化したと考えた、その落とし穴があったと思います。それ以降の再建は、平等のところからの再建であると考える落とし穴です。もうひとつは、その「発展」の犠牲になっている人々の言葉に耳を澄ませるという問題が抜けてしまった。格差が拡大してから、ようやくその問題が注目を引くようになった。それまでは「日本型福祉社会」で、全部矛盾は解決するんだと済ませてきた。たとえば、生活保護の朝日茂の場合などを除いて発言がありませんでした。発言がないというのは、耳を澄ませないと聞こえないんで、対話が抜けていた。市民社会論の公共性のところにも私は多少の問題があると思います。市民社会論に根ざした公共性論は、当然のように横ならびで皆が自由に発言できるということを前提にしている。しかし実際にはそうじゃない。発言しやすい人としにくい人がいて、問題は、しにくい人が犠牲になっていることなんだから、その人の声により耳を澄まなきゃいけない。だがそういうことをしてこなかった。

――言葉の問題を考えたとき、社会科学者にはどういう実践的な課題があるのでしょうか。

声を出せない人の声に耳を傾ける――他者感覚

石田　湯浅誠が、活動家の任務は声を出せない人のために声を出せる場所をつくることだと言っています。それは活動家の任務であると同時に、社会科学者の任務でもある。社会科学者もそういう場をつくり、そういう声に耳を傾ける努力をしなければいけない。それを私は「他者感覚」と呼んでいます。どうやって「他者感覚」を研ぎ澄ますか。これが社会科学の価値的前提を問い直すための重要な鍵になるのです。

——調査に行ってフィールドに接したりするというのは、直接の研究対象が弱者であったり周辺の階層であるならば、耳を澄ますことになりますか?

石田　収奪調査というのもあります（笑い）。要するに、職業的研究者の仲間で認められるために数を集めて調査をする。それはかなわんですよ。かなり多いんじゃないですか。

——そういうところからは、武装した日本語は出てこない。「作品としての社会科学」の前途は多難ですね。

石田　そりゃあ、もう当然です。だって、職業的研究者の仲間の組織は、非常に古い体質をもっている。それの体質を変えるのは大変な問題です。どうしたら本当に発言しにくい人の声を聞けるかは、第一義的な問題なのです。

——書生論で恐縮ですが、日本人は勤勉で、若者も就職すると学校の頃の自由とは対照的に、土日もなくヘトヘトになって働いています。働いている二〇代、三〇代の人々、卒業後さほど年月が経ってない若者は、オヤジ世代を見ていて、年中働いているオヤジのようになりたくないと本当は思っていたはずです。しかし、けっきょくは自分も同じ世界に入っていって同じパターンに巻き込まれていく。

しかし、せめて七時にはちゃんと帰りたいと思っている人も多いはずです。それなら日常生活での帰宅の原則を市民の側でたてて、それに賛成する政党と賛成しない政党とをふるい分けていく。公約できない政党は全部落選させていくんだというくらいの運動を起こす。こういうキャンペーンを各界の人々を集めていっぺん大規模にやってみる。「七時に帰れる社会を!」という争点でいっぺん総選挙をやってみたらどうかと思うんです。そういう政治の立て方、小田実がやった市民=議員立法運動のようなことを、新しい日本語の創造というのとつなげて、考えられないでしょうか。

石田 私は組織と言葉ということで、いつも二つを繋げて考えます。新しい言葉を生み出すためには、どっぷりひとつの組織に浸かっていてはだめです。批判をする言葉も出てこない。組織に属している人が他の人と、組織と関係なく結びついていく必要があるのです。たとえば朝日新聞報道部編『プロメテウスの罠』(学研パブリッシング、二〇一二年)のなかに出てくるＮＨＫの人は、ほかの組織の研究者と結びついて放射能汚染の調査をやって数値を発表しました。すると、ＮＨＫの上層部もそれを潰せなくなる。組織を超えた動きで組織が潰せなくなる。そういうことが新しい言葉をつくるのです。

――書斎のなかで、どうやって「作品としての社会科学」を上手に書くかではないのですね。

石田　職業的研究者集団は、その集団のなかだけでは、おそらく問題を解決できないでしょう。だから、湯浅誠は博士課程まで行ったが、博士論文を書かなかった。だけど、あれだけ仕事をしたことでもって衝撃を与えた。大仏次郎論壇賞授賞の時、佐々木毅は審査員だった。だから後で研究会で会った時に、「いやあ、東大の政治学研究会も立派な成果を出したね」と言っておきました。

組織の問題を皆さんはあまり強調しないけど、既存の組織を超えたつながりが非常に必要です。たとえば小熊英二編著『原発を止める人々』(文芸春秋、二〇一三年)をみても、独立自営業とか音楽をやっている人とか、演劇をやっているとか、ＮＰＯとか多様です。たまたま常連をとりあげたからそうなっているんだが、常連でない人で会社帰りにちょこっと覗いてみるとか、そういう人々もたくさんいるはずです。

私が地域でかかわっている憲法学習会で、どうも霞ヶ関あたりの大きな企業で働いているらしい人が来て、今週報告をしてくれる。「沖縄と福島」というタイトルです。彼なんか働いているときは一切言わないでしょうが、研究会に来て言いたいことを言う。それが非常に彼にとって精神衛生上いいわけです。やがては組織のなかでも変えなければならないけど、それでもそれは重要です。

――組織のなかで許容されることとそうでないことがあります。組織内で言えないことを、地域の公民館でなら表現できる。それは「逃げ」とは異なる意義をもつ。そういう受け皿を市民がたくさんつくるってことですね。また、研究者もそういう場所をつくることに協力する。内田の日本語の問題は、だから純粋の言語の問題ではない。また「社会科学の言葉を取り込んだ日本語の創出」というのも本の書き方の問題じゃなくて、日本の組織内、組織間の流動性や組織外へのコミュニケーションの公開性の問題なのですね。

石田　湯浅は、「溜め」がないとダメだということを自然に出してきます。彼にここに来てしゃべってもらったんだが、野宿者と話していても、初めはついつい研究室の言葉が出てしまう。しかし、長いこと付き合っている間に「溜め」って言わなきゃあ伝わらないということに気づくのです。

――丸山は、「ササラ」と「タコツボ」の比喩で、日本の総合大学はちっとも言葉が通じない、ニセの総合大学だと皮肉っています。これはアカデミズム内部の問題ですが、石田さんは学部間のタコツボ性とか、学者と市民の乖離とかについて何か補足がありますか。

石田　これは実際にやるよりほかに解決はない。繰り返しになるが、組織のなかだけで解決することではないでしょう。

――組織と言葉の閉鎖性は、いまですと原子力ムラが国民から見て巨大なガン細胞のようなものになっています。こういうものも何十年もかけて出来上がってきたものです。これを壊していくための秘訣は何でしょうか。

石田　ひとつはマスメディアの問題です。メディアの問題は、マスコミの二段の流れで、二段目でどう解釈していくかで対抗しなければならない。広告費に使う金の額で言うと、たとえば原子力ムラには対抗できませんが、第二段階でどう受けとめるかが重要です。もうひとつは、「沈黙の螺旋」ということです。気が付いている人が言っていかなければ「沈黙の螺旋」になる。誰も言えなくなるという問題が大きいと思います。

――いままでのお話で、石田さんが組織と言葉の問題をとりあげる際に、ひとつの極限にあるのは、あの軍隊での一年八ヶ月ですね。軍隊で毎日殴られて、人を殺すことを叩き込まれると、いつしか「言葉を理解して使う能力がなくなった」。われわれはこれを体験したことはないですが、軍隊は二段の流れを根絶するし、兵隊を沈黙の螺旋へ閉じ込める。言論の自由が全開の状態と、言語能力ゼロの状態の中間に現実はあります。現在でも組織のあり方しだいで同様のことが起こりうるのではないでしょうか。

石田　ブラック企業で働かされるとややそれに近くなります。

──時間もないし、企業外の普通の人間的な言葉も意味をなさなくなって、聞こえにくくなる。組織の内部では、たえずお前の頑張り方が足りないからダメだと言われ、上からは自己責任論で締め付けられている、そういう状態ですね。

石田　直接の肉体的暴力がないだけに怖いです。自己意識が自己責任論に追い詰められている。殴られている場合は、殴られているから仕方がないと思える面があるが、殴られないで従ってしまうと非常に危険です。

『日本の政治と言葉』の応用可能性

──『政治文化と言語象徴』や『日本の政治と言葉』は、歴史的な文脈に即して、言葉の意味がどう変化するかをたどった研究です。「平和」、「国家」、「自由」、「福祉」について非常に丹念に辿っています。これは、さらなる応用が考えられるでしょうか。概念史というふうな学問的な意味だけでなく、それを何か超えるような面で何か考えられないかと思います。先の日本語のつくり変えという文脈で整理するとどうなりますか。

石田　『日本の政治と言葉』が毎日出版文化賞をもらいました。祝賀会をやってもらった。

そのときに丸山は「少なくともジャーナリストがこれだけのことを心得ていてくれると世のなかずいぶん違うんだがな」と言っていました。ジャーナリストが「積極的平和主義」という言葉が出てきた時に、「平和」がどういうふうに使われてきたかを知っているかどうかで、ぜんぜん報道が違ってくる。別にジャーナリストでなくてもいい。マスコミの二段の流れの二段目でコミュニケーションをやる人が、そういうことを心得ていてもらえれば「積極的平和主義」がどんなに危ないものかがわかるはずです。

――『日本の政治と言葉』の「自由」「福祉」「平和」「国家」という四つの言葉の変化はどれも面白いです。四つの言葉はどれも我々の暮らしと関わる死活を決する言葉です。これらの言葉がどういう意味の変化のなかで生き延びてきたか。一方で政治的な言葉の悪用が出てくると同時に、それに対応して新しい課題も生まれてくる。言葉に騙されてはいけないということが伝わります。また、最近出された『誰もが人間らしく生きられる世界をめざして』においても、言葉の問題を重視されていますね。国家を含む既成の組織と対抗するためには、民衆の自主的コミュニケションを広げていくしかないということが非常に強調されています。

しかし野党なども、最初は五人や一〇人から始まった自主的結社でした。ところが一定の規模や歴史を経ると、官僚制化して自主的結社のういういしさが消えてしまう。一種のシステムまがいのものに変質してしまって、その組織でしか通用しない閉じた世界をつくり出すことさえあります。すると、民衆としては、国家やなんかと闘うのみならず、少なくとも初発には仲間であったはずの自前の組織の閉鎖性とも闘わねばならないという面が出てこないでしょうか。

石田　それは無限の過程しかないでしょう。トレルチみたいにゼクテ（宗派）とキルヘ（教会）という類型をつくってもね。ゼクテならうまくいくのかっていうと「内村鑑三における独立の意味」という論文で書いたことがあるが、独立の宗派をつくったわけですが、やはり、それも問題を起こす。だから、問題は無限にあるわけです。組織をつくり、組織を壊していく。組織のなかでやることは難しいから、外との関係で検証していくという過程がないと、組織はどんなに小さくったって問題が起こるし、いわんや大きければ、当然問題は起こってきます。

――なるほど。

石田　組織と言葉と言うが、本当にやろうと思ったら大変です。

——組織と言葉という領域は、石田さんが設定したひとつのセットです。言葉だけだとなかなか社会科学の対象にはなりにくいですが、組織というと、実体があり権力構造がありますので、ほんらいの社会科学は扱うのが得意の領域です。それをつなぎあわせたところに面白みがある。

石田　ある意味では思想史から入って、丸山を超えるのはなかなか難しいというのと、社研に入ったので足で勝負しようということで組織論に踏み込むことになったわけです。思想史が言葉に集約され、政治学（政治文化）が組織論に集約された。だから「ファシズム期における組織とイデオロギー」というのがファシズムの共同研究のなかで私の研究主題だった。「国民運動」という言葉をとりあげて、ドイツで言う Bewegung と全然違うと。それはどういうことか、どう変わったのか。革新運動が大政翼賛会になった、それは組織と言葉の両方の問題です。

私は思想史から徐々に離れていったので、どちらかというとそういう方向で意識的にやったのではないですが、思想史だけでなくて、現実をもう少しやりたいという思いから具体化しました。言語学者の言った「八紘一宇語」という造語はひとつの鍵になった。どうして自分が軍国青年になったかというのは、言葉の問題が大きかった。その反省から出発したことは事実です。戦後の話で、戦後改革で組織は全部解体したみたいに見えた。大政翼賛会は潰された。だけどその下部にあった農業団体はそのままひきつがれるし、産業報国会の下部はそのまま企業別労働組合になっていく。連続と破壊の両面があるのです。

――なるほど。

石田　言葉の問題と、農協が九九・五％の組織率であったことでつくっている同調性は密接です。労組も、左翼労働組合がレッドパージで「民主化同盟」に変わった。くるりと右派に変わったんです。「民主化」の意味がそういうふうに変わってくる。「民主化同盟」というと民主化で、当たり前に聞こえるけど、民主主義の意味まで変えていった。同じ言葉でも歴史的文脈によって違った意味へ変化する。このことを社会科学者は分析していくことができる。そういう仕事は、日本語を創造的思考の道具につくりかえるために必要なことでしょう。

第五章　安保と原発をめぐって

社会科学の価値的前提

——二〇一一年三・一一、福島事故後の原発問題を考える時、社会科学者にはどういう想像力が求められますか。

石田　私がよく言う価値的前提というのは、その人の想像力の幅によって規定されるものです。時間的に言うと、次の世代そのまた次の世代まで含んだ想像力でなければならないでしょう。いくらいまの町長さんがこれがいいと思っているとしても、将来の世代まで想像力が届いていないことがある。空間的にも他所へ避難している人のことをどこかへ放って、現にいる町長や町民の視点にどうしてもなる。階層の問題にもなる。どの階層の視点で見るかということが自覚的に反省されていない。

これはいまの社会科学者に共通した問題です。分業が進んで、ある意味では専門家としてアカデミックの世界で出世するには、あるところに限定してそこで資料を集める。そういうことになると集めやすい資料を集める。それが議事録であったりトップリーダーとのインタビューであったりすると、「福島の立場に立つ」と言いながら、福島の底辺の立場には立ちきれず、町長やなんかの立場に近寄ってしまうことがあります。

――せっかく福島の現場に入って考えるところまで接近しているにもかかわらず、現場には階層性があり、階層のどの辺まで降りていくかを自覚的に捉えておかなければ、価値的前提を吟味することに必ずしもつながらないということですね。そこで、『安保と原発』（二〇一二年）をめぐって伺います。

本書は、安保と原発は二つの聖域であるということを歴史的に追いかけています。聖域というのは、触れてはならぬ領域ということです。戦前のように治安維持法があるわけではなく、触れてはならぬ事項とされているわけでもない。ところが、多くの人が安保と原発を前提にしていて、議論の対象にしない、あるいはできなかった。それをあえて対象にして本を書くというのは非常に面白い。面白いだけでなく挑戦です。聖域を意識の届かない所へ置いておきたい人々を揺さぶるのですから、敵が多いですね。いかがですか。

『安保と原発』から集団的自衛権へ

石田　福島事故の一年後にこの本の最後の所を書きました。ところが今年（二〇一四年）の七月に集団的自衛権の問題が出てきた。これで、もっと深刻な反省を迫られた。つまりこの本は、国体の聖域から、アメリカへの従属という聖域への移行を主たる対象にして書いているのです。しかし、聖域がもっと聖域化した。集団的自衛権が出てきて、ひとつは武力行使の危険性についての感覚がなくなった。もうひとつはそれに伴う利益が出てきた。それでますます触れえない領域になったわけです。

ヴェトナム戦争の頃は王子に野戦病院があって、ヴェトナムからの傷病兵が夜でもヘリコプターで降りてくる。そういう事態がありました。そこらを歩いていても帰休兵に会うということがあった。東大前で、夜ごたごたしていたので問うてみると、三人の帰休兵が閉門直前に大学構内に入りたいと言ってトラブルを起こしている。当時は徴兵制だから、おそらく彼らは学生だったんじゃないかと思いますが。そうでなけりゃ、大学構内に入りたいなんて言わないでしょう。三〇分くらい話し合いをしました。「君たちはヴェトナムの民衆を殺して楽しいのか」と聞いたら、「そうじゃない、ほっとけばドミノで赤化するから、それを防ぐために我々はやっているんだ」と、こういうことで議論はすれ違った。そういう状態でしょう。

また文京区役所の近くの歩道のわきにあるホテルの三階で、精神異常を起こした帰休兵によって、いすや机が放り出されたこともあります。たまたま下を歩いている人はいなかったのでよかった。市民運動の結果、帰休兵はホテルに泊めないということになった。神奈川県では戦車の修理をしていた。ただの市民が戦車を止めるというので座り込んだ。そしたら、戦車が重すぎて、道路交通取締法違反だったというようなことがありました。ことほど左様に、東京にいてさえ戦争の臭いがしていたのです。

その後、基地がだんだん沖縄に集中させられていって、安保は日本が経済的に成長するために必要なひとつの梃子なんだというふうになってしまった。沖縄で何が起こっているかは問題にしない。いわんや、沖縄から飛んでいった飛行機が何をやっているかということに至ってはまったく関心の外に置かれてしまう。これが聖域を維持してきた大きな問題です。経済的に見ると、朝鮮戦争という悲劇的な戦争で経済復興が始まり、ヴェトナム戦争で兵隊は出さないでナパーム弾の生産やなんかでお金を儲けていく。それまではまだ戦争と安保は結びついて考えられていたのです。

ところが、ヴェトナム戦争以降、もう安保というのは「抑止力」という名前だけになってしまった。戦争で日本は金は儲かるわけで、アメリカに防衛を頼んで日本はお金を儲ければいいんだということで今日まできたのです。

冷戦後、どうして安保は不要だということにならなかったのか。やっぱり既成事実の積み重ねというしかないでしょう。つまりアメリカから見れば、長期的に見て地上軍を日本に肩代わりしてもらいたいということがある。アメリカには徴兵制度は廃止されてもうないし、財政的に苦しい。そのような状況にある米国の意向を受け入れて、クリントン＝橋本の日米共同声明（一九九六年）で安保の再定義として極東の縛りがなくなり、九七年にガイドラインの改定があり、九九年に周辺事態法ができた。こうしてだんだん既成事実を容認していくわけです。極東という範囲がアジア太平洋に広げられ、周辺というのは地理的限定がないことになる。既成事実を重ねていくことで、アメリカへの従属を強めていく。これが、冷戦終結後に起こったことです。

冷戦期にはソ連からの攻撃にどう対処するかを考えたが、パクス・アメリカーナになると、どこへいくのかわからない。そうすると極東という縛りがあっては困るんだということです。こうしてだんだん既成事実を膨らませていった。インド洋沖での米艦隊への給油とかイラク特措法とか、徐々に後方支援ならいいということで踏み込んでいったわけです。

名古屋高裁の二〇〇八年の判決では、実際にイラクで航空自衛隊が兵員や武器弾薬を輸送していたという事実が明らかになり、憲法違反ということになった。こんどは集団的自衛権を承認していこうというところまで来た。しかし、いつもと同じやり方で既成事実をつくり、閣議決定で、それからガイドラインの改定をして、立法に行くと、こういうかたちで既成事実を承認していく。そうすると、既成事実が一種の聖域になる。既成事実に対してどう対応するかが一番問題です。

――安保条約（一九五一年）から集団的自衛権閣議決定（二〇一四年）まで、六〇年を超える歳月をかけて、自民党政府はいわゆる解釈改憲によって、憲法を完全に空洞化するところまで行きつきました。それに対して日本の社会科学は、なかなか簡単に反撃できない状況に置かれています。憲法的理念に依拠して解釈改憲を批判すること自体が、なにか現実から浮いたユートピア的平和主義にたっているかのような空気になってしまうからです。事柄がなぜそうなるかを因果的に立証するのが科学だとすると、科学はもともと因果関係を追いかけるだけに終わってしまう。「意欲する人」として運動するのは勝手だが、観察者としてはあるがままの事実を追うだけに自己限定せよという科学論が強いのです。

丸山眞男「『現実主義』の陥穽」を読み直す

石田　こういう状況で、私は丸山眞男の「『現実主義』の陥穽」を読み直しました。そこで現実主義とは何か、丸山は三つあげています。第一は所与性。つまり現実とは与えられたものであって、誰かが行為で決めたものではなくて、自然に与えられたものだというふうに見ることです。第二に、一次元性。現実の一つの側面だけ強調される。これが唯一の選択であって、ほかに選択肢はないんだという見方です。最後に権力への従属性。権力の決めたことはもう仕方がない。現実主義が陥る落とし穴というのはこういう三つのものです。

今度の場合もこれがすっかり当てはまる。具体例を挙げると、一九九三年に「平和基本法」という考えが『世界』に発表された。和田春樹、山口二郎氏らの構想でした。これは社会運動として考えると、ある意味では必要なことであったかもしれない。だから、私はあえて反対しなかった。ただ社会科学者としてみると、それに参加した彼らが、現実主義の陥穽にはまらない歯止めをどこまでもっていたかが問われると思います。それはどういうことかというと、九条がある、そして安保ができた。そして、自衛隊法ができた。それはまさに一つずつ積み重なってきた既成事実だ。だから、狭い意味での法治主義の理解によれば、自衛隊は合法的存在だ。だけども、それが所与のものか、一次元的なものか、このことについてもう一度問われなきゃならない。あるいは問い続けなくてはならない。そういうことが社会科学者としての価値を決めるのです。

――観察というのは予断なく白紙で現実を見ることではない。観察とは、現実がどういう可能性のなかで選択されたものなのかを、価値的前提と関係させて見通すということなのですね。

「アジア女性基金」と現実主義の陥穽

石田　もう一つの例を出します。「アジア女性基金」（一九九五〜二〇〇七年）というのがありました。これは結果的に見ると、韓国では大変な反対を受け、日本でも運動に分裂が起こりました。これもある意味で、運動を広い幅のものにするという意味では、それなりの意味はあったかもしれない。しかし、ここにも「現実主義の陥穽」があって、六五年の日韓条約が一切の賠償問題は片付いたと言ったから国家補償はできない。こういう論理です。それがよかったのかどうかを問わないわけです。だから、その問題は陥穽といつも繋がっている。

両方とも生身の社会科学者が関わっているので言いにくいんですが、指摘しておきたいことです。運動としての広さということは善意ですが、この場合に「現実主義の陥穽」に落ちないための歯止めを、自分自身もつということが重要だということです。個人のモラルの問題と言えばそれまでですが、社会科学の価値的前提に関わってくることです。運動の組み方の難しさがあって、どこまでの幅で運動を展開するかという現在の問題と、それによって長期的に見てそれがどういう影響をもつかということ、時間的にも空間的にも広い視野で判断しなければいけない。

――なるほど、よくわかります。

石田 だから、私はアジア女性基金については個人的には反対でしたが、それを公には発言しなかった。三木睦子[*1]が最初は賛成だったが、あとで辞めたわけです。そういういきさつはあるんですが、彼女は別に社会科学者ではないので、別にどうということはない。だが、どうやったら現実主義の陥穽から解放されうるかというのは、社会科学の課題です。今日のように既成事実が大きな意味をもってくるときには、とりわけ重要ではないでしょうか。

――丸山は現実主義から距離をとって実に正確に対象化していました。それだけに、やはり今日的妥当性をもちうるということですね。日本ではつねに「落としどころ」とか、清濁併せ呑むとか、とかくそういうことを成熟とみなす傾向があります。

石田　清濁併せ呑むというのは社会運動の領域においてのことであって、社会科学者の方はもっとナイーブに、自分は中立だと、「政治的」なことには関わりませんよ、というほうが支配的じゃないでしょうか。

――そうかもしれませんね。そうだとするとなおさら中立ということの中身を詰めておかねばならないわけであって、言葉の真の意味での中立というのはどのギアにも移行できるような、よくものが見える場所のことでなければなりません。それは、「現実主義の陥穽」について事前によくよく熟知して、その限界を知っている立場であらねばなりません。現状肯定の言い訳ではないはずです。

天皇制から安保体制へ

――先ほど石田さん言われたことですが、天皇制から占領軍への移行について伺いま

＊1　三木睦子　一九一七〜二〇一二、千葉県生まれ。政治運動家。昭和電工の創業者、森矗昶の二女。政治家、三木武夫氏の夫人。

す。『安保と原発』のなかで、戦後、帝国臣民のメンタリティを壊さないままで占領政策は進行したと書いておられます。昭和天皇への忠誠を占領軍への忠誠に置き換えさせる、というかたちでアメリカによる日本従属化政策がうまく行われたという。これは、日本人の精神構造の連続性を利用した実にうまいやり方ですね。この点は、従来の社会科学ではさほどはっきり言われてこなかったように思いますが、いかがですか。

石田　そうでしょうか。ただ、そこに書かなかったのですが、戦争中に農林省の和田博雄[*2]を始めとして官僚たちは土地改革をやりたかったのです。それで農地調整法（一九三八年）をつくる。しかし地主の反対で弱いものになってしまいました。ところが戦後占領軍が入ってきて土地改革ができてしまったのです。財閥解体もできた。加えて、一九五〇年までは共産党もアメリカ軍を解放軍と規定していたわけです。それもあって、本来なら権力のほうは、反対勢力にてこずるはずだったのに、予想外に抵抗がなかった。権力の方がへっぴり腰で、なんとか勘弁してくださいというところだったのに、日本の広い層は結構ですと言いだしたわけです。非常に奇妙な関係が一時できてしまいました。

その奇妙な関係は、一九五〇年のコミンフォルム批判を契機に共産党が民族独立ということを言って、アメリカ帝国主義反対へ移ることで変化します。だけどここで占領政策がいわゆる逆コースに転換して、民族独立とか山村工作隊というのはうまくいかない。そしてそれが潰れていきます。そういう変動のなかで聖域がつくられていくのです。

――占領軍からすると、アメリカを頂点とする国際関係のなかに日本を埋め込むことが予想以上にうまくいった。それで天皇の人間宣言と行幸によって天皇が可視化されていくのと引き換えに、御簾の奥へマッカーサーが隠れていく。大ヒエラルキーのなかへ小ヒエラルキーがはめ込まれ、大きい方は見えなくなっていくわけですね。

石田　一九六二年に私はアメリカのバークレーにいて、ウィーンに行きました。ヨーロッパ討論集会への参加のためです。主題は「外から見たヨーロッパ」で、その報告者を依頼されました。そのとき、にわか仕込みで、女房の知り合いのドイツ人に会話を教わりました。そしてそのドイツ人の家族が西ベルリンにいたので、一晩お世話になった。その時、西ベルリンの雰囲気に驚きました。戦車が行きかうし、まるで戦場のようでした。

＊2　和田博雄　一九〇三～一九六七、埼玉県生まれ。農林省官僚。戦後、戦中の構想をもとに第一次農地改革を行った。

——ベルリンの壁ができる前年ですね。

石田　それで、これは朝鮮がこういう状態なんだと初めてわかった。日本はのんびりしているなと思いました。西ドイツでは共産党は非合法だが、日本では合法だ。とにかく、ドイツではいつ敵が攻めてくるかわからないという空気です。そういう緊張感は日本には欠けている。冷戦の最前線と、そこから少し引いている日本とでは違うんだという感じを強くもちました。

安保の存在理由が問われるチャンスだった一九九一年

——先ほどの経過のなかで、聖域としての安保体制がつくられてくるのですが、一九九一年のソ連崩壊は大きな転換点でした。というのも、安保が仮想敵国としていたソ連が消えたのですから、そもそも安保の存在理由もまた消えるということにならざるをえない。この山をどうやって乗り切るか、安保推進派は大きな壁にぶつかったはずです。ところが、奇妙なことに、一九九一年から一九九五年ころまでの安保関係の文献を見ると、意外に少ないのです。いまこそ安保を廃棄するチャンスだという戦略的な提起が、都留重人などの一部のものを除いて、ほとんどないのです。安保再定義が提出された頃のことです。みすみす、チャンスを逃したのではないかと思いますが、いかがでしょうか。

石田　それは当たっていると思います。というのは、五五年体制のもとでは自民党を中心とする保守派と社会党を中心とする総評、労組などがあり、要するにこれらの人々の間の対立しかなかったのです。ところが、ソ連がおかしい。ハンガリー事件とかチェコ事件が起こって、その疑念が広がってきた。初めはマルクス主義者がソ連へ行って、科学アカデミーの連中よりも俺たちのほうがマルクスをよく知っているんだと言って喜んでいたくらいで収まったのですが、どうもソ連の体制はまずいんじゃないかということになってきた。大内力なんかも、ユーゴの自主管理路線がいいとか、盛んに言っていたのです。

私は社会科学研究所の所長だったので、七〇年代の終わりに、世界の学長会議がメキシコであって、その会議に参加するよう総長に依頼されました。七八年か七九年ですが、その会議で会ったベオグラードの大学の学長に「自主管理路線でいいですね」と言ったら、「とんでもない」ということだった。国が大学に金も何もくれないというのです。お前の方で金もってくれということだとぼやいていた。帰ってきて、宇野派の連中に、大内に伝わるかなと思って、話したことがあります。

他方では、社会党の東京都連は向坂派でした。六〇年代の初めに頼まれて話しに行ったら、そのなかに表向きは九条を尊重するが、軍隊はもたなきゃならないと言う人がいました。反革命勢力が来たら潰さなきゃならないという。表ざたにはしないが、そういう考え方が左翼のなかにまだあったのです。その背後にある考え方は言わないが、どうも古い型の革命観をもっていると推測されて驚きました。反革命勢力を潰すためには自衛隊を使うという発想なんです。一方で帝国主義反対と言いながら、いったいどこまで武力とか軍事同盟に対して緊張感をもっているのか、はなはだ怪しかった。

六〇年安保の時には思いかけず、岸信介首相のミスで大変なデモが起こったけれども、それは自らの安保反対の理論から起こったんじゃなくて、もっぱら岸のミスによって起こったのだということが彼らにはわかっていませんでした。そういうものの宿弊というのが積み重なっていたわけです。簡単に言えば、どこまで自分たちでやるか、それを考える努力が足りなかった。どこかに頼るということになりがちです。一挙の革命というのは、どこか他所との結びつきによって可能になる。革命ができたら武力で反革命勢力を抑えつけるんだという考えがずっとあったわけです。

――では、憲法とか九条とかいうものの価値を本気では考えていない。革命政権下では九条は不要だということになってしまいますね。

石田　そういうことです。

――憲法的価値とか九条の意義を、安保推進勢力は認めない。しかしいわゆる革命理論の方も実はそれを無視している。それらに挟まれて憲法は民衆レベルで徐々に定着してくる。この憲法感覚の定着にもとづいて理論を組み替えていくということが重要になりますね。

石田　そうです。

――一九九一年の冷戦崩壊は安保廃棄の議論を押し出すチャンスであったわけですが、それはそう簡単にはいかず、むしろ既成事実の積み重ねで、安保聖域化が進行するという結果になった。安保共同宣言、ガイドライン、周辺事態法というふうになります。これに対して、社会科学者が問題としてたて直すということは難しい問題を含んでいます。九三年の「平和基本法」は、通常、自衛隊合憲の方ばかり言われますが、そこで安保の位置づけはどうなっていたのですか。

石田　記憶では、自衛隊の位置づけが関心の中心であり、安保体制にはあまり注意が払われていなかったと思います。

――一九九四年に村山政権が誕生し、首相が国会で自衛隊合憲、安保堅持を演説しました。

石田　「平和基本法」はその前年ですね。冷戦の後です。

――ソ連東欧崩壊直後から湾岸戦争が起こり、安保再定義の模索があり、他方では一九九五年に沖縄米兵少女暴行事件が起きて、沖縄で八万五〇〇〇人の抗議大集会が開かれます。米軍基地がある限り、少女の安全さえ守れないではないかという、県民の大きな下からの突き上げが出てきた。現在から振り返るとよくわかるのですが、この四年間こそ安保の是非を問う、いわば絶好のチャンスだったのに、九三年、九四年に護憲勢力の一角が崩れて、簡単に安保も自衛隊も認めてしまうということをやってしまった。これはあとから見ると、福島の原発事故や集団的自衛権の閣議決定を引き起こす温床となりました。

石田　私などからすれば、村山首相による安保、自衛隊承認は本当にとんでもないことです。やるとすればもっと慎重に党内でもきちんと討論をしてやらなければならないはずなのに、一人でやってしまうというのでいいのかと思いました。もし組織で討議したとしても、なお、「現実主義の陥穽」に陥る可能性は大きかったかもしれませんが。

――冷戦崩壊後は安保廃棄を提起する一つのチャンスでしたが、護憲派はそれを活かしきれず、既成事実が強化されました。しかしそのツケはまったく別のかたちをとって噴出しました。それが三・一一の福島事故であったのです。石田さんの著書では、安保と原発は別々のものではなく、根源において日本の発展の特殊な型、中央が周辺を差別するかたちで発展する仕方から出てくるものと位置づけられた。これに共感を覚えます。

原発はエネルギー問題だというのでは問題の把握が浅い。太陽、地熱、風力などチョイスすればいい。技術的な問題だというのでは本当はない。そういう把握ではなくて、明治以来の発展の型、漱石の言う、いわゆる「外発的開化」、石田さんの言い替えを使えば、中央が周辺を差別してそのしわ寄せを押し付けるようなやり方で発展する仕方、それが安保にも原発にも貫いているわけです。根本的な解決のためには、ここまで掘り下げていくことが重要ですね。

「外発的開化」を乗り越える動き——海士《あま》町の取り組み

石田　日本の反体制の理論というのは、さきほど申し上げたようなことで、ある意味では中央から、計画経済で上から変えていくんだと、そういう理屈でした。地主も、資本家も抑え込むかもしれないが、あくまで上からの発想です。自民党が民衆に突き上げられてつくった日本型福祉社会ビジョンも似たところがあります。ケインズを捻じ曲げて日本型福祉社会をやってきたでしょう。エコロジーの方は、かろうじて、そういうやり方ではもうもたないんだということがわかった。地球温暖化でどうにもなりません。

だが日本のエコロジー運動は九〇年代以降です。ドイツの緑の党が出てきたのは、そのずっと前の八〇年です。ようやく嘉田由紀子のような人が日本に出てきて、かろうじて地域から、エコロジーで政治的発言をするようになる。だから、マルクス主義が潰れて後になって、全体の空気が変わってきて、ようやく地域主権ということを言い始める。宇沢弘文なんかのような経済学批判も近経から出てきた。

中央主導ではなく、地域からの発展を志向する典型は、隠岐の島の海士町、人口二五〇〇人のやり方です。昔は七〇〇〇人くらいいた。このままでは財政的にも人口的にも破綻するということから、若者を呼び込んで地域から再生する方向を採用し、隠岐牛、水産物では岩牡蠣、水田に鴨を飼って農薬を使わず米を高く売る。離島の不利を有利に使って生き延びるんだと。そのためには「よそ者」、「若者」、「ばか者」を連れてこないといけない。その結果、三年間に七八世帯定住者が増えている。

そういうかたちで新しい発展の型が出てくる。海士町をみんな見学に来る。キャンプや青年塾をやる。ぎゃくに島から中学生が出てきて一橋大学で講義をする。私たちはこういうことをやっていますと言う。こういう交流が始まっている。草の根から日本を変え、世界を変える。ご承知のように隠岐の島は、竹島（独島）に近い、国境の島です。だから外国人をホームステイさせて国際交流をやる。島としては確かに孤立している。海が荒れたら船もいかず、スーパーもない。そこからの発展が日本の原型になるんじゃないかと思います。

そのほか、「コンクリートから人へ」じゃないけど、灰色のインフラストラクチャではなく、ダム建設によらず森を育てることで、「緑のインフラ」を構築し、水害を防いで海を守り、水産業も発展させる。里山と里海をつなぐ新しい生態系を含めた地域経済がようやく出てきています。

――補助金をもらうために原発を誘致する、おまけとして博物館とか体育館とをつくるという地域開発ではないのですね。

石田　さらに周辺から起業をやろうという人も出てきました。簡単に言うと、ハーバーマスは、目的合理性に従った効率本位の戦略的行為の体系が、生活世界を植民地化すると言いました。いまは、植民地化された生活世界を解放することによって、戦略的行為の体系自体を構造的に変えようとする動きが現れてきたのです。新しい発想がすでに出ているということに注目すべきです。ドイツのように、連邦制で地域分権がもともと強かったところで起こったのではなくて、日本のように中央集権が強かったところで出てた。大変なことじゃないですか。正直なところ、社会科学者は追いついていません。

――隠岐島のことは恥ずかしながら知りませんでした。いまハーバーマスの話が出ましたが、戦後社会科学史的に言うと、一九八〇年代、ハーバーマスは当時流行のポストモダンや構造主義と孤軍奮闘するというふうでした。安保と原発にからめて回顧すると、こうした流行思想は主体の死、歴史的思考の排除、意味を求めることに対する冷淡などという特徴をもっています。それは、安保と原発を問題化するというような目的を最初からもっていません。既成事実の前で思想的に無力だったと言わざるをえません。先の「平和基本法」とは別の思想次元ですが、八〇年代の流行思想は、冷戦崩壊期のNATOや安保をほとんど問題にしなかった。それは大きな弱点を残したのではないでしょうか。

石田　大平総理の政策研究会報告書が出た一九八〇年に、経済から文化の時代に移ったと言われました。一方では、日本はアメリカに迫るような経済大国になって、経済の課題は終わった。だから文化だと言いだすわけです。八〇年代は、世界的な社会科学の思想は別として、日本は自信過剰の時代ですね。それがいろいろの現れ方をした。ところがバブル崩壊後、中国に追い抜かれるというところへ来ている。そうなると、今度は自信喪失と、ある種のルサンチマンです。それが経済的困難と結び付いて、非常におかしな新しい傾向を生み出している。

その一つの病的現れが排外的な国家主義です。新自由主義がそこへ入ってきて、強者の支配の正当化、弱者の切り捨てをやる。一方では草の根からのエコロジーを中心にした巻き返しとちょうど対極をなして、グローバリズムと結び付いた一対九九の対立が一挙に日本にってきた。先ほどの発展の矛盾が激化した時に、中央からの抑圧移譲が極端な論理的な背景をもちながら入ってきた。それに、社会科学は影響を受けているのではないでしょうか。

排外主義と言論統制

石田　ちょうどそれは、明治の天賦人権・人賦国権が天賦国権・国賦人権へひっくり返った時の、加藤弘之[*3]の転向の後とよく似ています。ところがその時の国家主義は、河上肇が明治末に言っているところによると、ドライなものじゃなくて、宗教的な背景をもっている。例として挙げているのは、靖国と教育なんです。いまと同じなんです。ただ一つ違うのは、当時は家族国家論なんです。

権力国家は極端な国権主義でありながら、温情主義のオブラートでくるんでいます。それが会社までくるんで終身雇用、年功序列という具合になって、ずっと続いてきた。ところがそっちは崩れてしまった。日本型福祉社会は崩れ、終身雇用はダメ、家族国家もダメということになった。生身の権力主義的な進化論が入ってきたのが今の状況ですが、もはや教育勅語はさすがに使えません。すると、頼りにできるのは排外主義だけだ。それが怖いんです。一九二五年ぐらいまではまだ「軍閥打倒」なんて言えたんです。それが経済恐慌をへて、排外主義へ行った。それと非常に似たかたちになっている。現在は「教育勅語」はないので、残るは排外主義と日の丸、君が代の儀礼化だけです。

戦前には、一九二五年に普通選挙と一緒に治安維持法が制定されました。治安維持法の場合は中身があったのです。国体というわけのわからないものだが、とにかく教育勅語という中心があった。ところが今回の場合には、特定秘密保護法というので、何が秘密かわからない。この効果は施行されようとするところでも、なお不明です。そのような状況のなか、今回の朝日新聞へのバッシングみたいに、「非国民」だとか「売国奴」だとかという言葉を使って叩くと、自粛が出てくる。自治体でも、九条を歌った俳句を広報誌に載せたら叩かれるから掲載はやめておこうとか、イベント会場を「九条の会」に貸すと文句が出るから貸さないでおこうとか、自主規制が出てきます。治安維持法がなくても自主規制で同じ機能を遂行できます。このような言論の不自由を社会科学者は黙して見ていてよいのかという問題が出てくる。法律を通さなくても、排外主義を使って、言論の統制が可能になります。

——それは恐い。

戦前における沈黙の螺旋

——いま、治安維持法の問題が出ましたが、それと抱きあわせではありますが天皇制絶

*3　加藤弘之　一八三六〜一九一六、哲学者。但馬国（現在の兵庫県）出石生まれ。帝国大学第二総長。もともと天賦人権論を唱えていたが、「人権新説」（一八八二年）をもって変化し、社会進化論の立場からそれに反対した。

対主義のもとにおいても男子普通選挙はあったわけです。すると、国民的な戦争への抵抗というものは、完全に不可能ではなかったようにもみえます。実際のところ一九二五年から敗戦までの間、選挙権はどう使われたのでしょうか?

石田　皮肉なのは、一九二五年に護憲三派内閣が普通選挙法と治安維持法を抱き合わせで出したことです。ソ連と国交を結んだので情報も入ってくるし、労働運動は激化するだろう。そこで赤化を取り締まろうということであったと思います。国体を破壊する組織を取り締まりの対象にする。最初は結社への加入を対象とする共産党員の取り締まりだった。ところが一九二八年の改正で、その目的を遂行するような行為ということで、シンパも取り締まるようになった。この改正で死刑が加えられた。それで死刑になったものはいないが、拷問で死んだ者はいるし、捕まったものは一〇年間で六万五千人にものぼる。その大部分が転向しました。実際の有罪は少なかった。

こういうふうにして、出版法と一緒に言論の自由がなくなる。河合栄治郎なんかは、昭和の初めには学生が赤くなるのを防ぐ「思想善導」の委員に文部省から任命されて、反共の宣伝をやっていました。二・二六で軍を批判して有罪になりました。

――けっきょく、国民も知識人も身動きが取れなくなったということでしょうか。

石田　沈黙の螺旋です。とにかく何か言ったら捕まるぞと。もう一つは、既成事実の問題です。三木清や蝋山政道のケースのように、既成事実を正当化する。大東亜共栄圏は欧米列強とは異なる道義的協同体なんだと言う。これは非常にまずい役割を果たしました。

――戦後、言論出版、学問の自由のあるなかで二つの聖域ができてしまったことは、戦前と比べて大いなる逆説ではないでしょうか。

知識人の忠誠競争

石田　戦前の不自由には消極面と積極面があります。消極面は言論の自由を縛られているということです。しかし積極面は忠誠競争なんです。誰でも優等生になりたい。より忠誠の証をたてたほうがより出世をするわけです。閉鎖的同調社会の中での競争です。それは戦後も続いている。日本という閉鎖的同調社会のなかで、今度は平和国家、文化国家と言えばいいんだというのでそれをやっていた。次は経済成長を言っていけばいいんだとなった。そうした競争の結果がだんだん事態を悪化させる。だから、ただ抑えつけられたからじゃなくて、そのなかで忠誠競争をやったからです。

――戦後には戦後の忠誠競争が存在する。それが知識人を魔術で覆っているから、聖域が仕上がってくる、そういうことですね。

石田　戦前でも石橋湛山とか斎藤隆夫とか、反対する声は少数だがありました。しかし、斎藤の場合のように議会の圧倒的多数で除名されてしまった。民政党と政友会が争っている時は、相手をやっつける武器は二つあります。一つは汚職の暴露、もうひとつは忠誠の多さを示すことです。汚職はどっちにもあるから、最後は忠誠の示しあいになる。最後には政党を早く解体して、大政翼賛会をつくろうということになっていくわけです。

これを言うと誰にも責任がないみたいになりますが、そうではなくて、日本でもし戦争裁判をやれば、個人の責任を処罰することになります。ただそれと関係ない人間は自分たちはみんな犠牲者だといえるかと言えば、やはり忠誠競争をやってみんな駆け足をやったんです。相手をやっつけたのだから、罪なき者のような顔はできない。国民個人の問題として言えば、戦争裁判をやる場合の戦争責任とは別の問題として、一人ひとりに相応の責任があったのです。

――そうすると、現在でも社会科学者はそうとは気づくことなく、なんらかの忠誠競争の端っこにくっついて仕事をしている可能性がありますね。平和国家、文化国家の次は経済成長だった。現在は国際競争力を上げよう、豊かさを守ろう、持続可能な社会をつくろう、いろいろあります。ともかくなんらかの価値に対して、いまはいまふうに組織されているのでしょうか。

石田　それほど悲観はしないが、傾向としては常にあります。権力は腐敗する。絶対的権力は絶対的に腐敗する。自民党が圧倒的に強ければ、それなりのことをやります。短期的に解決できると思ったら危ない。草の根から展望をもって、長期的にやっていくことが大事じゃないでしょうか。

――石田さんが『安保と原発』を一種の責任感で書いておられるのは頭が下がりますが、退職した一言論人として書く以上の、社会科学者全体の知の組織化ということがもっと必要ではないでしょうか。いかがですか。

組織の外と連携すること

石田　いや、ある意味ではそれは難しい。組織体のなかの学者の世界が問題だからですよ。予算が削られ、産学協同になっている。経済界から講座を支援してもらったりする。だから、そのなかで同調性に反対することが難しくなっている。私のように退職すると、予算と関係ないから私は何を書いてもへっちゃらなんです。安心してやれる。でも組織としては金が要る。すると難しい判断を迫られるでしょう。

組織のなかだけでやると、さっきの同調的社会の競争になってしまう。だから組織の外の人と連携することが大事です。『プロメテウスの罠』のＮＨＫの例を出しましたが、外の人と協力して調べて発表したら、もう上部の人は抑えることはできない。こういうかたちで、組織の外と連携することでもって、組織のなかでやるというふうにもっていかないとうまくいかない。さっきの隠岐島の海士町の中学生が、一橋大学へ行って講義をやると、なるほどといって衝撃を受ける。今度は大学生を島に連れていく。そういうことで初めて組織内部の同調競争をチェックできる。現実は厳しいが、それで学生が増えたりすれば、別に企業にお金もらわなくてもやっていけるんじゃないですか。

社会科学者の任務——既成事実を問い直す

——研究者の組織化は課題ですが、より根源的には、市民と研究者の連携があってこそ研究者の組織化にも意味が出てくるわけですね。最後に日本の社会科学者は安保と原発について、どのようにかかわっていけばよいか、アドバイスをいただけますか。二度の原爆、第五福竜丸、そしてフクシマ原発事故という具合に、四回も被爆をした国民は世界にいない。また、これだけの大国でありながら米国に従属し、安保体制のもとに置かれているというのも特異な経験です。安保と原発、安保と憲法という大変なプレッシャーのなかに好むと好まざるとを問わず、みんな生きている。このピンチをチャンスに変えるとき、日本社会科学は二一世紀の普遍性を打ち出してけるかもしれません。

石田　このまえ高校生としゃべったときに、私は愛国心の危うさということを言いました。すると、愛国心は悪いものなんですかと問い返された。生まれた土地を愛するのは、別に悪いことじゃない。ただ、問題は何を誇りとし、なにを引き継ぎ、何を過去の誤りとして克服するか、そのけじめが大切です。何を誇るかというと、七〇年近く軍隊が海外で人を殺していない、それを誇るべきことじゃないか。イラク派兵とかインド洋の給油はしたが、だけど、ぎりぎり人を殺すところまではいかなかった。それとともに、破防法なんかも恐かったけど、一度も有効性を示させなかった。民主主義のなかである種の民主的な力はそれなりに働いてきた。もちろん直接人は殺さなかったが、朝鮮戦争でもヴェトナム戦争でも間接的に支援し、兵器の生産・修理で利益をあげたことについての加害の責任は残ります。

それにしても、これまで海外で人を殺さなかったのを、閣議決定で出来るようにしていこうという。人を殺すと憎悪の拡大に伴って報復も起こって困ります。しかし、一つの閣議決定とか法律ができたから、これで全部だめなんだということでもない。先ほどの話でいえば、既成事実を所与のものとしない、どうしたら変えられるか、一次元性じゃなくてほかに選択肢はあるんだ。ほかのモデルもあるんだ。そういうことを考えていくのが社会科学者の大きな任務じゃないか。それを放っておいて人々が知ることができるわけじゃないです。社会科学者が既成事実を問い直すためには社会科学者が価値的前提をどうとるか、想像力の空間と時間の幅をどうやって広げるか、階層的に不利な人にどれだけ耳を傾けるか、そういうことが基本となれば、おのずから道は開けるでしょう。

大川周明補論

――お話のなかに大川周明への言及がありました。興味深い点ですので、掘りさげてみたいと思います。大川は広辞苑ではこう紹介されています。「国家主義者。山形県生まれ。東大卒。満鉄入社後、猶存社、行地社、神武会を結成。軍部に接近、三月事件、五・一五事件などに関与。第二次大戦後、A級戦犯。著、『近世欧羅巴植民史』など。（一八八六～一九五七）」。等身大で見た大川について、少し補足願えますか。

石田　私は大川の専門家ではなく、彼を評価する立場にはないので、事実だけ申します。大内と大川の話をしたら、竹内好が私の父について、「天皇制官僚のバランス感覚を示している」と日記で書きました。別に父はバランスをとろうと思ってやっていたわけではありません。たまたま五高時代の友達だったというにすぎない。事実だけ言うと、大川はときどき私のウチに遊びに来ていて、泊まっていったりしていた。親しいんです。かなり手紙もあって、父親は手紙のコピーを全部とっていた。それを大塚健洋（『大川周明』中公新書の著者）に渡した。たぶん、大川全集にも入っています。

一九四三年の九月に私は東大の入試に落ちて、東北大に回されました。自動的に回すということになっていた。大内と大川の二人に東北大の誰かを紹介をしてくれないかと父が頼んだ。大内は小町谷操三という商法の人と長谷田という税法の人に紹介してくれた。大川は、名前は忘れたが、東大で一緒だった哲学の教授に紹介してくれた。それぞれに会いました。東北大というのは面白いところで、教授面会日が決まっていて、面会日の時は自宅に訪ねて行けるようになっている。哲学の教授を訪ねたら、紹介状も出さないのに上げてくれました。

小町谷は大内がヨーロッパで一緒だった。大変親切にしてくれて、わずか二ヶ月しか東北大にいなかったんだが、ゼミの学生と一緒に松島へ遊びに連れて行ってくれたり、アパートまで呼び出しに来て、壮行会をやるからウチにこないか言ってくれた。「また会う日まで」という賛美歌で送ってくれました。一九四三年の一二月一日に学徒出陣なんですが、そのまえに連れて行ったのが大内と大川でした。

父親は敗戦直前に、高松宮の別当（顧問）になれという依頼を受けました。それまでぜんぶ宮家の別当は軍人だった。だが天皇退位を見越して、文官でないとまずいということだったのでしょう。とにかく、別当になりました。

東京裁判後の大川

敗戦後に大川はご承知のとおり東京裁判にかけられて、東条の頭を叩いて、東大病院に入院しました。高松宮に迷惑がかかるといけないというので、母親が父親の代わりに東大病院へ見舞いに行きました。そしたら、「昨日明治天皇に会った」とか、相当おかしなことを言っているると帰ってきて報告しました。その後、松沢病院に移った。こんどはおまえ行ってくるかということで、当時はもう研究者になることは決めていたので、それなりに関心がありましたから行きました。

松沢病院で、「お会いになられますか」と聞かれて「会えるんなら会います」と答えました。松沢病院というのは、敗戦直前には患者の死亡率が四〇%という、たいへんな精神障がい者の病院です。ナチスは精神障がい者を安楽死をさせていたけど、日本は安楽死じゃなくて、自然死をさせたようなものです。

ともかくその建物の硬い鉄の扉を開けてなかへ入った。そしたら、大川はかなり大きな部屋に一人座って、『コーラン』を前において、ドイツ語、フランス語、英語の翻訳版と対照して読んでいた。入ったらいきなり「俺はちゃんと直ってるんだから裁判に出たいといったんだが、出してくれない」という。そこにあった英語の報告書をもってきて読んでくれた。要するに、この男は普通に判断できる、発音は悪いけど、ボキャブラリーは豊富であるという医師の診断書を英文のまま読んでくれた。伝記によれば東大の内村教授は「ちょっと無理だと」いう見解だったようです。法廷はそっちのほうに従ったわけです。

しかし本人はアメリカの医者が大丈夫だと言っているのに、俺を出すとややこしくなるから出してくれないんだという話をした。いまの『コーラン』の訳は中学生が訳したようなもので、稚拙な訳で話にならない。だから、いま訳し直しているんだということだった。それは後に『古蘭』という本になりました。もらったのがウチにあります。

そこの病院に入っているなかに、BC級戦犯なんかで精神障がいになった何人かいて、自殺を企てたりしたので、大川がいろいろ面倒を見て助けてやったというような話をしていました。それが何月だったか、松沢病院にいた時期は決まってますから、調べればわかります。

もう一回会ったのは神奈川県の中津です。明治大学の斜め向かいに明治堂という古本屋があります。そこにはわりに明治関係の古本が多いので行くのですが、あるとき見たら馴染みの大川の署名の本があるわけです。これは大変だと思い、できたら当時勤めていた社会科学研究所で、大川文庫というのをつくってまとめて引き取れないかと思いました。父親に話をして、中津の大川に、「息子が会いたいと言っているが、会ってやってくれないか」と手紙を出してもらいました。

北一輝との仲違いを否定

石田　会うことになって、中津に行きました。そしたら、驚いたことに書棚が物の見事に空っぽだったのです。ただ一冊、北一輝の『支那革命外史』があるだけでした。全部処分したということで、過去のことも聞きたいことがあるんだと話したら、「もうおれは過去のことを話するのは嫌だ」と。日本を再建するんだというので、『安楽の門』というのを書いたと言う。ただひとつだけ言っておきたいことは、俺は北一輝と仲違いしたことになっているけど、それは間違いだと。意見の違いはいろいろあったけど、けっきょく最後には、養子のことだったと思うが、あとのことを頼むと言って死んだんだと言っていました。北一輝との仲は悪くなかったんだということをはっきり言っておきたいということでした。ご承知のとおり、二・二六事件のとき、大川は獄中にいたから助かったわけです。そういう意味で、自分は北と仲違いしたんではないんだと。それが最後のメッセージでした。それ以外は過去のことについては言わない。本も全くないし、私は失望して帰ってきました。これが私と大川との関係です。

大川とのことは、一九四三年の入隊前の時のことを書いたことがありますが、それ以外はまったく書いたことがありません。

西洋植民地主義研究の狙い

――大川全集を見ると、前半は日本思想の研究、後半は『近世欧羅巴植民史』、つまり西洋による植民地主義の研究です。後者の目次は、コロンブスからおよそ一九世紀後半までの欧米の帝国主義・植民地史を非常に広く網羅したものです。目的は、日本によるアジア植民地化の遂行の際、いかにして西洋植民地主義から教訓を得るかにあったと思われます。評価はさまざまありますが、ともかくスケールの大きな研究であると思います。石田さんは、どう評価されますか。

石田　いや私はこれを評価する自信はありません。ヨーロッパ植民政策の論文は獄中にいたときに書いたものです。父親は、大川は牢屋に入れといたほうがいい仕事をするんだと冗談で言っていました。博士論文は五・一五事件なんかのずっと前に、『特許会社の研究』で吉野作造が審査委員になって博士号を与えたものです。『特許会社の研究』は大正期に書いたものので、広い意味での植民政策の問題を扱っています。

一九一三年に、ヘンリー・スコットの『ニューインディア』を読んで、サンスクリットもやってましたから、古代インドの宗教を研究していたのが、にわかに現代インドに関心をもち出した。そして一九一六年に『インドにおける国民運動の現状と由来』を公刊したのですが、イギリス大使館からのクレームで発売禁止になってしまった。それから植民地・反植民地の研究を始めて、一九二六年に『特許会社植民制度の研究』で法学博士号をとった。それまでは運動もしていたが、ポール・リシャール[*1]や中村屋のボース[*2]との付き合いもあって、反植民地運動の研究なんかもよくやっていた。研究者としてかなり近代をやっていたわけですね。

大塚健洋の編集で、昭和一四年に公刊した本の再刊で、たしか一九九三年に出した『復興亜細亜の諸問題』では、シャム（タイ）、チベット、インド、アフガニスタン、ペルシア、ロシアの中東政策、トルコ、エジプト、回教圏、メソポタミアというような、ちょっと当時としては普通の人が考えないような地域のことを書いているんです。

大川塾の評価もいろいろで、スパイ養成機関だというものと、本気で植民政策を文化交流という意味で考えていたんだという説といろいろあります。おそらくお金の出処からしても、陸軍省が出している面ではスパイ養成機関だっただろうし、外務省その他が出しているときには、もうちょっと広い貿易目的です。タイ語、マレー語、アラビア語、ヒンズーなどの言葉を教えて派遣をするということをやったので、大川塾についてもいろいろ書かれています。

＊1　ポール・リシャール　一八七四〜一九六四、フランスの詩人、神学者。一九一六年に来日した後、日本人が東西文明を結びつけ、世界を一君万民の原理によって一つの帝国にする役目があると主張した。
＊2　ラス・ビハリ・ボース　一八八六〜一九四五、インドの独立運動家。イギリス植民地政府に追われ、一九一四年に日本に亡命した。新宿中村屋にインド式カレーを伝えた人物でもある。

大塚健洋は、京都大学出身で勝田吉太郎の弟子です。勝田が右翼だから、右翼的観点から評価しているんだが、資料は非常に丹念に集めて、熱心な研究者です。

――大川の植民地政策研究は、一五世紀から一九世紀後半まで、ポルトガル、スペイン、オランダ、イギリスなどさまざまな国を広く扱っています。立場は違いますが、これほどの世界史的広がりは戦後社会科学には稀なものですので、私はショックを受けました。これは侮《あなど》れない、戦争をすすめていった人々は偏執狂か、国粋主義者か、およそ学問とは無縁の人々のタワゴトかと決めつけておりましたので、その学識に驚いた次第です。

石田　後藤新平なんかと親しかったので、植民政策というものを研究したのでしょう。ただ視座のおき方から言うと、主としてヨーロッパですが、ヨーロッパ植民地主義に批判的ではあるけど、同時に日本の植民政策をどのようにすすめていけるかを軸に考えていたことは間違いない。私なりに整理すると、思想の問題よりはむしろ組織論の問題というのかな、つまり、徳川義親侯爵なんかがいましたけど、それなんかを使って、陸海軍を動かすという考え方です。

北一輝ほど過激ではないですが、経歴からすると北を迎えに上海まで行って、『国家改造法案』をもって帰った。。もって帰って、ガリ版刷で赤穂四七士にならって四七部刷った。その一部がウチへ来ています。北にしても大川にしてもクーデターによって改革を実現する。それも強権的なクーデターです。そこの点は非常に問題がありますね。

おわりに

『日本の社会科学』『社会科学再考』の二冊を、できるだけ正確に理解したいというのがこのインタビューに賭けた私の狙いだった。社会科学史に限定したやりとりを想定していたが、いざ始めようとすると、社会科学史はそれだけで自己完結することはできないのだから、社会史、政治史など多方面へ話が及ぶ可能性があった。全体としての歴史的時期区分に従って社会科学史を明らかにすることは、単著がよくなしうるものであっても、対話的に進めるのはかなり難しいのである。

石田はこのことを事前に感じていたようで、整理したかたちの個人史を準備し、生い立ちに従って自分史を提示してくれた。これは非常に役立った。これを土台にして、その上に歴史的な時期区分や社会科学史上の論点をちりばめるやり方をとった。聞き取りは、二〇一四年五月から六月にかけて三回行なった。

第一章から四章まではこれに従って進めた結果である。しかし、二〇一一年の福島原発事故が社会科学に与えたインパクトを考慮すると、石田の二〇〇〇年代以降の仕事のうち、安保と原発に関する仕事を重視する必要がある。そこで二〇一二年に公刊された『安保と原発』が扱っている「命を脅かす二つの聖域」――安保と原発――に石田がいかに切り込んだかをめぐる第五章を加えるために、一一月に追加の聞き取りを行って、全体を締めくくることにした。こうして個人史の脈絡に沿って、要所の問題を尋ね、話をつないでいくというかたちで本書はできあがっている。

「はじめに」で触れたように、石田は丸山眞男学派の中心にいた。だから、実によく丸山の精神を深く読みこなし、受け継いでいる。たとえば丸山の有名な「現実主義の陥穽」を応用して、現代政治学の動向を批判的に総括した箇所などを見てわかるように、その舌鋒はきわめて鋭い。同時に石田は、当然ながら、丸山から独立した、一人の卓越した思想史家、政治学者である。丸山がなし遂げえなかった大きい課題について、独自の視座から重要な指摘を行った。このように、石田は、継承と同時に独自の成果を展開し、たゆむことなく思想史や政治学の領域を鋭角化し、拡張してきたのである。

長いインタビューは多岐にわたる豊穣な論点を含んでいるが、私なりに重要と思われる四点を要約しておきたい。

第一に、組織と言語という石田の研究の二つの焦点について。

石田は、戦中の軍国青年であった経歴から、組織と言葉の問題へ研究の焦点を絞っていった。今日では、組織についてはシステム論とかネットワーク論とか新規の理論装置があるし、言語に関してもハーバーマス以来、社会科学になじみやすい領域になった。けれども、石田の場合、「組織と言葉」という焦点の設定には非常に強い思想的根源が感じられる。それは、青年期に軍隊が言葉を奪ったという切実な認識から来ている。人間から言葉を奪うことは、すなわち考えることを奪うことであり、人間の生命の可能性を奪うことに等しい。従って、言葉の可能性をどうやって開いていくかという課題は、いかにして戦争を阻止し、いかにして平和をつくり、いかにして民主主義を実現するかという組織論的な課題と不可分なのだ。この意味で組織と言葉という焦点の設定は、第二次大戦を経験した世代に属する氏の体験の重みが込められたものだ。

第二に、アメリカ近代化論をめぐる問題について。

石田は『社会科学再考』以来、「国民国家」「発展主義」というふたつの価値的前提を問い直すべきことを論じている。これは長い前史をもつ。一九六〇年代から始まる、いわゆるケネディ・ライシャワー路線とSSRCの社会科学プロジェクトは、単線的な国民国家ごとの経済成長を想定していた。アメリカ政府や財団は、世界支配の野心をもち、日本の学問のなかにそれらを容赦なく浸透させてきたのだ。石田は様々な日米学術会議に関わり、単線的な指標を重視する近代化論に抗して、より複雑な要因を重視する立場をとった。いわばアメリカ側が世界を覆う「面」としての抽象的一般論を主張するのに対して、石田は日本近代史の固有性に立脚した「線」を重視する立場で応戦したと言える。その後、石田は二つの近代化論の間の齟齬を新しい方向へ展開した。日本近代史の固有性に立てこもるのではなく、ヴェトナム反戦運動とつながりながらアジア・アフリカ諸国を調査し、メキシコやアリゾナ先住民の視点からアメリカを見るというふうにして「面」へ視点を強化したのだ。この結果、「中央が周辺を犠牲にして発展する」という発展構造を世界レベルと国内レベルの双方で確認するに至った。だから、「国民国家」と「発展主義」への批判は、大国による周辺国の犠牲化と、一国内部での同様の犠牲化を両面的に批判する視座をもたらした。こうして、アメリカ近代化論との共同研究から始まった氏の近代化論は、近代化批判論へ射程を膨らましたものになったと言える。

第三に、日本近代史研究に関する問題について。

「一身独立して一国独立す」から、いかにして大日本帝国の成立へ展開するかについて十分解明されていないと石田は証言した。石田は丸山の『忠誠と反逆』の発刊前にあたる一九九一年に、この点を解明する論考の執筆を要請し、丸山はそれに応えようと努めたものの、結局書けなかった。石田自身は、丸山に執筆を要請した以前から問題意識をもち、日本帝国主義によるアジア侵略、併合、同化、戦争責任の問題を丹念に拾いあげる努力を重ねてきた。

『明治政治思想史研究』の「家族国家論」や「イデオロギーとしての天皇制」論、および『記憶と忘却の政治学：同化政策・戦争責任・集合的記憶』などはその成果の一端である。だが、社会科学界全体を視野に入れても、この近代史上の空白は完全に埋められてはいないという。これは衝撃的であった。政治的にみて、東アジアの歴史認識問題はなお十分清算されていない。これは、アカデミズムが十分な成果を上げているにもかかわらず、政治がそれを無視しているという問題ではなく、日本の市民の歴史認識にとって、頼りがいのあるスタンダードな歴史認識がまだ仕上がっていないという課題なのである。

第四に、安保と原発の問題である。

丸山は一九六〇年安保闘争で華々しく活躍した。しかし闘争後、彼自身はいわゆる「夜店」を閉じて「本店」である日本政治思想史研究に専念した。このこともあって、研究集団は「平和問題談話会」から「国際問題談話会」へ引継ぎが行われたとはいえ、丸山学派で安保体制を正面から論じる人は、石田や坂本義和などに限定されるかたちになった。本文で率直に語られているとおり、石田の次の世代の政治学者たちは、一九九〇年代前半に「現実主義」的に対応した。このこともあって、日本の政治学だけでなく社会科学界も、徐々に安保体制（および自衛隊）を聖域化してしまった感がある。しかし、当時からこの流れに疑念を抱いていた石田にとって巨大な事件が起こった。二〇一一年に福島原発事故が起こったことは、まさにこの点を再検討させるようなインパクトを社会科学界全体に与えた。石田によれば、安保体制を聖域化したことが温床となって、原発というもうひとつの聖域が産み落とされたのである。そこで石田は、あらためて二つの聖域に対して批判的なメスを入れる研究成果を発表した。一九五一年のサンフランシスコ講和条約と安保条約の同時成立から一九五三年の「平和のための原子力」演説以降の、現代日本の「国民国家」と「発展主義」全体を反省させるものである。

以上四つの論点からわかるように、日本の社会科学に対する石田の歴史的考察は、彼自身の現在の仕事の選び方を規定している。社会科学という学問ジャンルにいかなる課題が残されているか、それをどういう方向へ発展させるか、その場合、価値前提をどこまで吟味する必要があるか。こうした主体的、客体的な要因の布置連関を石田は実に丹念に検討している。一言で言えば、こういう思索と総括のひとつひとつが、現代史の思想遺産をつくっていくダイナミズムを構成している。

私たち後続の世代の研究者にとってのみならず、大方の理性的な市民にとっても引き受けるべき重い課題がここにあるだろう。

竹内真澄

石田　雄 (いしだ　たけし)
1923 年生まれ。東京大学名誉教授
1945 年「学徒出陣」から復員後、丸山眞男ゼミに参加
1949 年東京大学法学部卒業。同学部助手
1953 年東京大学社会科学研究所助教授
1967 年同教授
1984 年定年退職　その後、千葉大学教授、八千代国際大学教授を歴任

専攻　日本政治思想史、政治学

主な著作（編著を含む）
『明治政治思想史研究』未来社、1954 年
『近代日本政治構造の研究』未来社、1956 年
『戦後日本の政治体制』未来社、1961 年
『現代組織論―その政治的考察』岩波書店、1961 年
『平和の政治学』岩波新書、1968 年
『破局と平和：1941~1952』東京大学出版会、1968 年
『政治と文化』東京大学出版会、1969 年
『インドネシアの権力構造とイデオロギー』(長井信一との共編) アジア経済研究所、1969 年
『日本の政治文化：同調と競争』東京大学出版会、1970 年
Japanese Society, Random House,1971
『平和と変革の論理』れんが書房、1973 年
『メヒコと日本人―第三世界で考える』東京大学出版会、1973 年
『近代日本思想史における法と政治』岩波書店、1976 年
『現代政治の組織と象徴―戦後史への政治学的接近』みすず書房、1978 年
『「周辺から」の思考―多様な文化との対話を求めて』田畑書店、1981 年
Japanese Political Culture:Change and Continuity ,Transaction Books,1983
『近代日本の政治文化と言語象徴』東京大学出版会、1983 年
『日本の社会科学』東京大学出版会、1984 年
『日本の政治と言葉　(上)(下)』東京大学出版会、1989 年
Democracy in Japan, co-edited with Ellis S. Krauss, University of Pittsburgh Press, 1989
『平和・人権・福祉の政治学』明石書店、1990 年
『明治政治思想史研究　復刊』未来社、1992 年
『市民のための政治学――政治の見方、変え方』明石書店、1993 年
『日本の社会科学と差別理論』(三橋修との共著) 明石書店、1994 年
『社会科学再考：敗戦から半世紀の同時代史』東京大学出版会、1995 年
『近代日本政治構造の研究　復刊』未来社、1996 年
『丸山眞男と市民社会』(姜尚中との共著) 世織書房、1997 年
『自治』三省堂、1998 年
『記憶と忘却の政治学：同化政策・戦争責任・集合的記憶』明石書店、2000 年
『権力状況のなかの人間：平和・記憶・民主主義』影書房、2001 年
『丸山眞男との対話』みすず書房、2005 年

『一身にして二生、一人にして両身——ある政治研究者の戦前と戦後』岩波書店、2006 年
Die Entdeckung der Gesellschaft - Zur Entwicklung der Sozialwissenschaften in Japan, herausgegeben und aus dem Japanischen überesetzt vom Wolfgang Seifert, Suhrkamp Verlag, 2008 .『日本の社会科学』の独訳
『誰もが人間らしく生きられる世界をめざして——組織と言葉を人間の手にとりもどそう』唯学書房、2010 年
『安保と原発ー命を脅かす二つの聖域を問う』唯学書房、2012 年
『日本の社会科学　増補新版』東京大学出版会、2013 年
『ふたたびの〈戦前〉ー軍隊体験者の反省とこれから』青灯社、2015 年

聞き手・編集
竹内　真澄（たけうち　ますみ）

1954 年　高知県生まれ。
1982 年　立命館大学大学院社会学研究科博士後期課程　単位取得
現在　　桃山学院大学社会学部教授　京都自由大学講師
専攻　　社会学史、社会思想史
主著　　『福祉国家と社会権　デンマークの経験から』晃洋書房、2004 年
『物語としての社会科学　世界的横断と歴史的縦断』桜井書店、2011 年
『諭吉の愉快と漱石の憂鬱』花伝社、2013 年
主訳書　M・ジェイ編、竹内真澄監訳『ハーバーマスとアメリカ・フランクフルト学派』青木書店、1997 年
H・ジン『ソーホーのマルクス——マルクスの現代アメリカ批評』こぶし書房、2002 年

石田《いしだ》 雄《たけし》にきく―日本《にほん》の社会科学《しゃかいかがく》と言葉《ことば》

2015年5月19日　第一版第一刷発行

著　者　石田　雄　竹内　真澄
発行者　比留川洋
発行所　本の泉社
〒113－0033
東京都文京区本郷2-25-6
Tel 03（5800）8494
FAX 03（5800）5353
印　刷　音羽印刷（株）

ISBN978-4- 7807-1221-6 C0036 Printed in Japan